KB192942

교리 설교의 모든 것

교리 설교의 모든 것

지은이 | 우병훈
초판 발행 | 2024. 7. 17
등록번호 | 제1988-000080호
등록된 곳 | 서울특별시 용산구 서빙고로65길 38
발행처 | 사단법인 두란노서원
영업부 | 2078-3333 FAX | 080-749-3705
출판부 | 2078-3331

책값은 뒤표지에 있습니다.
ISBN 978-89-531-4872-7 03230

독자의 의견을 기다립니다.
tpress@duranno.com www.duranno.com

두란노서원은 바울 사도가 3차 전도여행 때 에베소에서 성령 받은 제자들을 따로 세워 하나님의 말씀으로 양육하던 장소입니다. 사도행전 19장 8-20절의 정신에 따라 첫째 목회자를 돕는 사역과 평신도를 훈련시키는 사역, 둘째 세계선교(TIM)와 문서선교(단행본·잡지) 사역, 셋째 예수문화 및 경배와 찬양 사역, 그리고 가정·상담 사역 등을 감당하고 있습니다. 1980년 12월 22일에 창립된 두란노서원은 주님 오실 때까지 이 사역들을 계속할 것입니다.

설교자를 위한

교리 설교의
모든 것

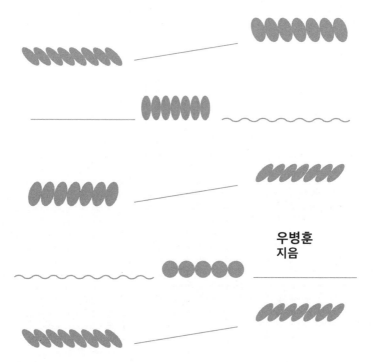

우병훈
지음

두란노

차례

추천사

나의 오랜 동역자인 우병훈 교수님의 책 출판 소식을 듣고 큰 기쁨을 느낀다. 교리 설교는 가장 난이도 있는 설교 분야 중 하나다. 교리 설교가 쉽지 않은 이유는 그것이 자칫 딱딱한 지식 전달로 끝나거나, 그 결과 성도의 현재 삶과 연관이 없는 채로 끝날 수 있기 때문이다. 이 책은 이런 위험을 피하면서 어떻게 교리가 참된 성경적 진리의 요약이 되고, 우리 삶의 안내자가 될 수 있는지를 세밀하고 친절하게 가르쳐 준다. 교리 설교에 관심이 있다면 이 책을 탐독하라. 이 책은 교리 설교의 초보자에게는 중요한 방향을, 교리 설교를 오랫동안 해 왔던 사람에게는 메시지 심화의 길을 제시한다. 이 책을 통해 한국교회 강단에 깊고 풍성한 교리 설교가 살아나기를 기대해 본다.

권호 합동신학대학원대학교 설교학 교수, 본문이 살아있는 설교 공동대표

오늘날 교리 교육의 중요성에 대한 인식이 그 어느 때보다 깊어지고 있다. 그러나 교리를 잘 가르치는 것은 결코 쉬운 일이 아니다. 잘못된 교리 교육은 성경을 교리의 틀 속에 가두어 말씀의 숨을 막는 건조하고 딱딱한 사변으로 치우쳐 교회의 생명력을 질식시킬 수 있다. 그래서 교리 하면 알레르기 반응부터 일으키는 이가 많다. 이 책은 좋은 교리 설교가 얼마나 성경 주해에 근거하여 성경의 핵심 가르침을 더 선명하게 드러낼 수 있는지, 그리하여 생명력 있는 신앙과 실천을 증진하고 교회를 진리의 터 위에 굳게 세우는 데 효과적인지를 밝혀 줌으로 교리에 관한 기존의 부정적인 선입관을 불식시킨다. 교의학 교수인 저자는 자신이 가르치는 교리를 매주 교회에서 설교해 온 경험을 토대로 교리 설교를 잘할 수 있는 구체적인 방안을 친절하게 알려 준다. 교리 설교의 유익이 무엇인지부터 시작하여 좋은 교리 설교를 효과적으로 작성하는 요령과 비밀이 무엇인지를 차례로 공개하고, 마지막으로 그가 말한 노하우의 실례를 보고 배울 수 있도록 자신의 교리 설교 샘플을 선보인다. 교리 설교의 모든 것을 이처럼 간명하고 알기 쉽게 정리한 책은 찾기 힘들다.

박영돈 고려신학대학원 교의학 명예교수, 작은목자들교회 담임목사

교리 설교는 딱딱하다는 선입견이 있을 수 있다. 오늘 시대와는 좀 동떨어진 설교 형태로 여기고 무관심하게 접근할 가능성이 있다. 그러나 저자의 책을 읽다 보면 그런 우려를 말끔히 씻어 준다. 교리가 빠진 설교는 뼈대가 없는 건축물과 같다. 충실한 주해를 갖춘 교리 설교는 성도들의 신앙을 풍성하고 건강하게 세워 주는 일에 유익하다. 저자는 교리 설교가 갑자기 만들어진 것이 아니라 역사적인 전통 속에서 이어져 온 것으로 모범적인 예까지 들어 친절히 설명해 주고 있다. 특히 이단이 창궐하는 시대, 그냥 은혜를 끼치기만 하면 된다는 다소 극단적 경건주의 경향이 한국교회 안에 자리 잡고 있는 때에 교리 설교에 관한 저자의 책은 모든 설교자에게 필독서가 되고도 남으리라 여겨진다.

이규현 수영로교회 담임목사

저자가 주장하는 교리 설교, 즉 성경 본문으로부터 흘러나온 교리, 그 교리에 대한 명확한 이해와 적실한 적용, 그리고 명료한 구조가 있는 설교는 사람들이 자신의 세계관과 믿음을 점검하고 진정한 기독교적 삶으로 돌이킬 수 있는 힘을 가졌다. 이 말이 의심된다면 이 책의 맨 뒤에 있는 예시 설교 두 편을 먼저 읽어 보라. "어떻게 이런 설교를 작성할 수 있지?" 하는 궁금증으로 책의 처음부터 읽게 될 것이다. 설교자에게 특별히 도움이 될 만한 부분은 '교리 설교 작성 1, 2'인데, 자세히 읽어 보면 각자 자신의 설교를 반성적으로 평가할 수 있는 좋은 도구를 가지게 될 것이다. 나 역시 저자의 글을 읽으며 내 설교의 교리적 알맹이가 충실한지 반성적으로 점검할 수 있었고, 7-8주의 교리 설교를 빨리 시도하고 싶은 강한 충동을 느꼈다. 모든 설교는 든든한 교리적 바탕이 있어야 하기에, 단순히 '교리 설교'라는 장르를 배우고자 하는 사람뿐 아니라 모든 설교자가 반드시 읽고 숙독해야 하는 책이다.

이정규 시광교회 담임목사

교리는 성경의 핵심 가르침이다. 교리가 없는 기독교는 생각할 수 없다. 교리는 설교에 큰 도움이 되며, 교회를 세워 나가는 일에 필수적이다. 그러다 보니 나는 신학생이나 젊은 설교자에게 할 수 있는 대로 교리 공부에 전념하라고 당부하곤 한다. 설교자는 교리를 잘 알아야 하기 때문이다.

이 책은 교리 설교의 '모든 것'을 다룬다고 볼 수 있다. 교리 설교가 무엇이며, 왜 중요한지 매우 친절하게 설명해 준다. 그리고 교리 설교를 어떻게 작성해야 하는지 실제적인 방법을 알려 주어 어렵지 않게 설교를 작성할 수 있도록 돕는다. 구체적인 교리 설교문과 예 들도 함께 들어 있어 교리 설교를 처음 시도해 보는 분들에게도 큰 도움이 될 것이다. 많은 설교자들이 이 책의 도움을 받아 보다 건전한 성경적 가르침을 강단에서 힘 있게 선포한다면 교회가 새로워지고 복음의 역사가 더욱 편만하게 일어날 것이다.

이찬수 분당우리교회 담임목사

'모든 것'을 말하기는 어려운 일이지만, '필요한 모든 것'을 말하기는 훨씬 어렵다. 이는 무엇이 필요하고 무엇이 필요하지 않은지 분별하는 지혜가 있어야만 가능한 일이기 때문이다. 이 책,《교리 설교의 모든 것》은 교리 설교에 관한 모든 것을 말하고 있지는 않지만, 현장 설교자들에게 필요한 교리 설교의 모든 것을 말하고 있다고 해도 과언이 아니다. 목회 현장에 교리 설교가 왜 유용한지, 교리 설교와 강해 설교가 어떻게 조화를 이룰 수 있는지, 교리 설교와 그리스도 중심적 설교의 관계는 무엇인지, 그리고 저자의 '작업 비밀'인 교리 설교 준비 방법론과 그 방법론에 근거해 작성된 교리 설교 예시까지 정말 교리 설교를 하기 위해 '필요한 모든 것'이 담겼다. 《교리 설교의 모든 것》은 교리 설교를 처음 시도하는 설교자나 교리 설교 역량을 향상하고자 하는 설교자 모두에게 큰 도움이 되리라 믿는다.

조광현 고려신학대학원 설교학 교수

교리 설교는 성경의 핵심 가르침을 풀어내는 설교다. 그런 점에서 사실 모든 설교가 어떤 점에서는 교리 설교라고 할 수 있다. 이 책은 교리 설교를 잘할 수 있는 실제적인 방법을 제시한다. 다년간 학생들의 설교를 들으면서 설교 준비에 약간만 변화를 주어도 설교가 훨씬 개선되는 것을 체험했다. 그런 노하우들을 바탕으로 이 책을 구성했다.

교리 설교는 다른 설교, 가령 내러티브 설교나 강해 설교보다 준비하기가 비교적 쉽고 효과는 아주 크다는 강점이 있다. 교리 설교를 통하여 성경의 핵심 가르침을 알게 된 성도들은 성경을 읽을 때 더욱 깊이 있는 묵상을 할 수 있고, 신앙생활에서 중심을 잃지 않게 되기 때문이다. 그렇다고 목회자가 항상 교리 설교만 할 수 있는 것은 아닐 것이다. 다양한 설교 형식 가운데 교리 설교를 시도해 보고자 하는 목회자들은 이 책에서 유용한 방법론을 배울 수 있을 것이다.

나는 지역교회에서 목회하는 목사는 아니지만 매주 설교하며, 그러기에 매주 설교에 대해 고민하고 있다. 이 책을 쓰면서도 현장에서 바로 쓸 수 있는 방법론을 제시해야겠다는 생각이 컸다. 부디 이 책을 읽는 설교자들이 교리 설교를 작성할 수 있는 능력을 갖추게 될 뿐만 아니라, 자신의 설교를 보다 객관적으로 평가해 볼 기회를 얻으시길 바란다.

이 서문만 읽고 책을 안 읽는 분들도 계실 것 같아 딱 한 마디만 조언하자면, '좋은 설교는 주해에 근거한 설교'임을 기억해 달라는 것이다. 주해는 본문 해석이다. 본문을 주해하고 그것을 바탕으로 적용까지 나아가는 설교를 구성한다면 스피치 면에서 좀 부족해도 좋은 설교가 된다. 그렇게 설교를 준비하는 설교자는 갈수록 발전한다. 설교의 구조나 예화는 주해 결과를 보다 효과적으로 전달하기 위한 방편이다. 그러니 제발 주해를 놓치지 마시길 바란다. 그렇다면 교리는 뭘까? 교리는 주해의 핵심 요약이라고 보시면 되겠다. 따라서 주해에 강한 분들은 교리 설교를 잘하게 되어 있다. 보다 자세한 내용은 이 책에서 직접 읽어 보시기 바란다.

이 책을 쓰면서 도움을 준 고마운 분들이 있다. 우선, 필자와 더불어 설교와 목회, 본문 해석과 삶의 실천 등 다양한 주제로 매주 대화를 나누는 이정규 목사님(시광교회 담임)께 감사드린다. 최근에 새로 캠퍼스를 개척하여 바쁜 중에도, 언제나 최고의 설교를 들려주는 목사님의 모습에서 나는 설교가 단지 기술의 문제가 아니라, 신앙의 고백이요 복음의 실천임을 배운다. 그리고 이 책을 기획하도록 도와준 정소영 사모님과 두란노서원 송민희 부장님께 감사드린다. 두 분은 사람 안에 잠재되어 있는 능력을 끌어낼 수 있는 분이다. 무엇보다 가족들에게 감사한다. 내 설교를 가장 많이 비판하면서도 또한 은근히(?) 좋아하는 사랑하는 아내와 아들, 딸이 있기에 또다시 설교할 수 있다.

이 책은 지난 몇 년간 교리와 주해, 설교와 목회에 대해 매 학기 진지하게 토론한 나의 석박사생들에게 바친다. 그분들은 나에게 배우지만, 나 또한 그분들로부터 배운다. 사실 그분들이 없다면 열심히 독서하고 연구할 동력이 훨씬 줄어들 것이다. 이 자리를 빌려 고백하자면, 나는 나의 학생들을 모두 사랑한다. 특히 말씀 사역에 열심을 내는 학생들을 더욱 귀하게 여긴다.

주님께서 이 땅의 모든 말씀 사역자들에게 지혜와 용기를 주시기를 기도드린다.

2024년 봄

저자 씀

교리 설교란
무엇인가

● 교리 설교는 지나간 유물인가?

교회를 개척하여 12년이 된 어떤 40대 목회자의 말이다.

"성경만 강해하는 설교는 주제가 가볍게 느껴지는데, 성경 강해에 교리적 뼈대를 넣은 설교는 묵직하고 강렬하게 와닿습니다."

교회를 담임한 지 30년이 지난 어떤 60대 목회자의 말이다.

"코로나를 지나면서 교리의 중요성을 더욱 절감합니다. 교리 교육이 탄탄한 교회는 여전히 건재하니까요."

교리 설교의 필요성을 질문하니, 챗GPT는 다음과 같은 대답을 들려준다.

"교리 설교는 더 큰 정서적 회복력, 영적 성숙, 그리고 더 확고한 자아감에 도움을 줍니다."[1]

'교리 설교가 도대체 뭐길래 이런 효과가 있을까?' '교리 설교는 이미 지나간 유물 아닌가?' 이런 질문을 하는 독자들도 있을 것이다. 하지만 신학교와 목회현장을 동시에 경험하고 있는 필자로서는 교리 설교의 중요성을 그 어느 때보다 강하게 느끼며, 그 효력을 자주 목격하고 있다.

● 교리 설교란 무엇인가?

'교리'란 넓은 의미에서 성경의 가르침을 말한다. 그렇게 보자면, 사실 모든 참된 설교는 교리를 담고 있는 교리 설교라고 부를 수 있다. 그런데 교리를 좁은 의미에서 정의하자면 '성경이 가르치는 신앙의 핵심 가르침'이라고 볼 수 있다. 그렇다면, '교리 설교'란 '성경의 핵심 가르침을 주의하여 풀어내는 설교'라고 간단히 정의할 수 있다.

교리 설교의 장점은 다른 형태의 설교와 매우 쉽게 결합하여 전달할 수 있다는 점이다. 밀라드 에릭슨(Millard J. Erickson)과 제임스 헤플린(James L. Heflin)은 강해식 교리 설교, 주제식 교리 설교, 내러티브식 교리 설교, 연극식 교리 설교 등을 제안한다.[2] 교리 설교의 또 다른 장점은 청중에게 매우 분명한 메시지를 전달할 수 있다는 점이다. 청중이 정말 듣기 힘든 설교는 도대체 무슨 말을 하려는지 모르는 설교이다. 교리 설교는 주제를 깔끔하게 전달하는 데 매우 효과적이다. 또한, 교리 설교는 설교자 본인의 성장에도 아주 큰 도움이 된다. 신학이 있는 설교와 목회는 그렇지 않은 경우보다 5년, 10년을 지나면서 큰 차이를 만

들어 낼 수밖에 없다. 주기적인 교리 설교는 무엇보다 목회자의 성숙에 큰 기여를 한다.

교리 설교의 이러한 세 가지 장점과 더불어, 교리 설교의 필요성과 중요성은 더욱 많다.[3]

● 교리 설교의 열두 가지 효과

첫째, 교리 설교는 복음을 잘 설명한다.

복음은 어떻게 소개하느냐에 따라 영광스러운 복음이 될 수도 있고, 값싼 복음이 될 수도 있다. 교리 설교는 복음의 영광스러운 모습을 찬란하게 드러낸다. 왜 그럴까? 교리 설교가 유기적인 특성을 지니기 때문이다. 인간은 전체와 부분의 조화로운 관계를 볼 때 만족감을 느끼며 감탄하게 된다. 교리 설교는 단편적인 복음을 더욱 풍요롭게 만들어 준다. 교리 자체가 유기체성을 가지면서 형성되어 왔기에 그런 역할을 할 수 있다. 교리 설교는 복음을 변론하고 확정하는 일에 큰 도움이 된다(빌 1:7).

둘째, 교리 설교는 사도들이 모범을 보여 준 설교이다.

사도 바울이나 사도 베드로의 서신서들을 보면 교리적 구조가 매우 탄탄한 가운데 내용이 진행된다는 것을 알 수 있다. 그 글들은 교리 서적이 아니라 편지이다. 그럼에도 불구하고 중간중간에 교리적 뼈대가 확고히 세워진 가운데 논리가 전개된다. 예를 들어, 로마서 5장 12-21절을 설교하는 설교자는 그 안에 대표성의 원리, 아담과 그리스도의 비교와 대조, 속죄의 성격, 선물의 의미 등을 고민하게 될 것이다. 바울은 이미 머릿속에 신학의 체계를 세우고 이런 용어를 사용하며 논지를 전개했기 때문에 그것을 설명하려는 설교자는 그에 대한 배경 지식이 있어야 한다.

셋째, 교리 설교는 하나님에 대한 분명한 가르침을 준다.

하나님이 누구인지 잘 모르고 신앙생활하는 것보다 위험한 일은 없다. 기독교의 모든 것은 하나님에 대한 올바른 지식에서부터 나온다. 교리 설교는 하나님이 누구신지 확고하게 알려 준다. 아우구스티누스는 하나님에 대해 제대로 믿지 못하면 악하게 살게 된다고 말했다.[4] 교리 설교는 하나님과 올바른 관계에 필수적이다. 하나님께 나아가는 사람은 하나님이 어떤 분이신지 알아야 한다(히 11:6). 예수님께서 "너희는 나를 누구라 하느냐?"라고 물으실 때, 베드로와 같이 "주는 그리스도시요 살아 계신 하나님의 아들이시니이다"라는 정리된 대답이 나와야 한다(마 16:16-17). 교리 설교는 하나님에 대한 올바른 지식을 전달함으로써, 하나님과 깊은 교제를 누리도록 돕는다. 교리 설교를 통해 잘 전달된 믿음의 내용(*fides quae*)은 신자들의 믿는 행위(*fides qua*)를 더욱 신실하게 바꿀 것이다.

넷째, 교리 설교는 교회의 직분자와 리더들에게 꼭 필요하다.

바울은 디모데에게 "배우고 확신한 일에 거하라"라고 했다(딤후 3:14). 또한 그는 잘 다스리는 장로들은 배나 존경하라고 했다 (딤전 5:17). 교회의 리더들은 제대로 배워야 하고, 자신이 믿는 내용에 확신과 자신감을 가져야 한다. 교회의 중요한 의사결정, 행동방침, 분위기 등은 교회의 직분자와 리더들이 결정하는 경우가 많다. 만일 직분자와 리더들이 분명한 교리를 모르면 교회는 표류할 것이다. 잘 배워야 잘 다스릴 수 있다. 교리 설교는 직분자와 리더들이 확고한 신앙 지식을 갖추어 교회를 이끌도록 도와준다. 교리를 모르는 사람들을 직분자로 세운다는 것은 진리의 기둥과 터가 되어야 할 교회의 근간을 약화시키는 일이다 (딤전 3:15).

다섯째, 교리 설교는 설교가 일관성을 띠도록 도와준다.

한 사람의 설교를 오래 듣는 성도들 중에는 설교자의 설교가 좌충우돌한다는 느낌을 받을 때가 가끔 있다. 왜 그럴까? 설교자가 교리를 잘 모르기 때문이다. 기독교의 핵심 교리를 전체적으로 이해하는 설교자의 설교는 일관성이 있고 신뢰를 준다. 가령, 목회적 필요 때문에 한쪽의 메시지를 강조한다 해도 다른 쪽의 메시지를 약간은 언급하는 감각을 발휘할 것이다. 탁월한 요리사와 마찬가지로 좋은 설교자는 밸런스를 중요하게 생각한다. 교리 설교를 전하다 보면 자신도 모르는 사이에 성경적 진리를 균형 있게 전달하게 된다. 좋은 교리 설교는 "모든 신령한 지혜와 총명" 가운데 "확실한 이해의 모든 풍성함"을 가장 잘 드러내는 설교이기 때문이다(골 1:9, 2:2).

여섯째, 교리 설교는 다양한 주제를 다루며 설교하도록 돕는다.

"우리 목사님 설교는 항상 똑같아요"라는 불평을 듣는다. 왜
그럴까? 설교자가 은연중에 자신이 가진 신학적, 도덕적, 심미
적 관심사에 따라 본문을 해석하기 때문이다. 한 사람의 설교자
가 가진 관심 범위는 제한적일 수밖에 없다. 그렇기에 어떤 본
문을 택하든지 간에 늘 비슷한 적용으로 기우는 것이다. 이를
막는 방법은 다양한 독서와 체계적인 교리 연구다. 특히 교리는
성경에 흩어져 있는 가르침을 한곳에 모아 놓은 것이므로, 성경
이 가르치는 다양한 주제들을 일별할 수 있다. 모든 성도들이
듣고 구원에 다가가는 "교훈의 본"이 바로 교리이다(롬 6:17). 설
교자가 "하나님의 말씀의 초보"에서부터 "단단한 음식"에 이르
기까지 다양한 음식을 차려 놓을 수 있을 때, 성도들은 즐겨 설
교를 경청할 것이다(히 5:12-14).

일곱째, 교리 설교는 이단으로부터 교회를 지킨다.

한국교회는 이단으로 몸살을 앓고 있다. 그 원인 중에 중요한
것이 교리의 부재 현상 때문이다. 이단들은 애매한 영역을 파고
들어 온다. 교리 설교는 신앙적 지식과 삶의 애매한 부분들을
없애 준다. 그리하여 이단에 빠지지 않게 도와준다. 이단들을
연구하다 보면 그들이 가르치는 내용은 거부해야 하지만 그들
의 전략 가운데는 배울 점이 있음을 알게 된다. 왜 이단들이 신

입자들에게 성경을 가르치지 않고 이단 교설을 계속 주입할까? 그것이 기본 틀이 되어 사람들의 머릿속에서 계속 작동하도록 만들기 위해서이다. 그러면 성경을 읽을 때에도 이단 교설에 따라 읽게 된다. 결코 이단들을 칭찬하고 싶지 않지만, 기존 교회가 놓치는 유익한 방식을 이단들이 실천하는 것을 보면 분통이 터진다. 교리를 제대로 배운 성도 치고 이단에 빠지는 경우는 극히 드물다. 오히려 훈계하여 물리친다(딛 3:10). 교리 설교는 이단을 극복하는 가장 좋은 방법이다.

여덟째, 교리 설교는 타 종교와 기독교의 차이점을 보여 준다.

불교, 이슬람교, 천주교와 기독교의 차이점이 무엇일까? 교리를 잘 모르면 모든 종교가 그저 착하게 살도록 돕는 방편이라고 생각하기 쉽다. 하지만 교리를 아는 사람은 타 종교와 기독교가 본질적으로 다르다는 것을 분명히 안다. 기독교의 핵심은 '은혜'이다. 그것이 타 종교에는 없다. 교리 설교는 은혜의 탁월성을 아름답게 설명한다. 교리를 잘 아는 사람이 종교다원주의나 상대주의에 빠질 일은 잘 없다. 교리가 분별력을 줄 뿐 아니라, 보다 아름답고 보다 탁월한 것을 깨닫게 해 주기 때문이다. 청교도 리처드 십스(Richard Sibbes)가 말하듯이 설교는 현혹하는 것(wooing)이다. 교리 설교는 진리를 진리답게 전함으로써 사람들의 마음을 현혹하여 참된 하나님께로 이끌어 가는 힘이 있다.

아홉째, 교리 설교는 성경해석과 적용에 도움을 준다.

교리는 다름이 아니라 역사 속에서 많은 사람의 인정을 받은 공인된 성경해석의 결과물이다. 따라서 교리를 잘 아는 사람은 성경을 보다 올바르게 해석할 수 있는 기반을 갖게 된다. 아우구스티누스는 설교의 목적 중에 하나가 성도들이 자신의 경험을 성경의 언어로 설명하도록 돕는 것이라고 보았다. 교리는 사실 공통 경험이다. 처음 예수님을 믿게 될 때, "설교를 들었는데 눈물이 났어요", "기도할 때 옛날의 죄가 떠올라 회개했어요", "예수님이 갑자기 사랑스러워졌어요" 등등의 경험을 한마디로 말하면 '회심'이다. 윌리엄 칼 3세(Willam Carl Ⅲ)가 말하듯이, "모든 교리의 근저에는 교인의 공통 경험이 있다."[5] 그 공통 경험을 한두 단어 혹은 한두 문장으로 간직할 수 있다면 성경해석과 적용에 큰 도움을 받을 것이다.

열 번째, 교리 설교는 경건에 도움을 준다.

칼뱅은 "경건이란 하나님을 사랑하면서도 경외하는 것"이라고 간단히 요약했다. 그는 자신이 만든 《교리문답서》에서 참된 경건을 이렇게 정의한다. "참된 경건이란 하나님을 아버지로서 모시고 사랑하면서도 두려워하는 진실한 감정이다. 참된 경건이란 하나님을 주님으로 모시고 경외하는 것이며, 하나님의 의를 붙잡는 것이며, 하나님께 누가 되는 것을 죽기보다 더 끔찍한 일로 여기는 것이다."[6] 교리 설교는 우리가 왜 하나님을 사랑해야 하는지 알려 준다. 교리 설교는 왜 하나님이 두려운 분인지 알려 준다. 교리 설교는 기도로 우리를 이끈다. 교리 설교는 하나님 앞에서 우리가 살아갈 수 있도록 돕는다. 교리 설교를 듣고 실천하면서, 성도들은 날이 갈수록 그리스도와의 연합을 더욱 은혜롭고 생생하게 누릴 수 있다.[7]

열한 번째, 교리 설교는 성도들의 삶에 생기와 활력을 부여한다.

올바른 지식은 올바른 행동으로 이어진다. 사람은 한 가지를 알면 그 아는 바가 삶에 어떤 식으로든 영향을 미치게 되어 있다. 삼위일체 하나님의 사역을 풍성하게 설명하는 교리는 성도의 삶에 가장 큰 위로와 힘을 공급한다. 교리를 잘 배운 사람은 시련과 유혹을 이겨 내고서 신앙의 항로에서 이탈하지 않고 전진한다. 기독교에서는 앎과 실천의 관계가 분명하다. 바울 서신서는 앞부분에 기독교 교리, 뒷부분에 기독교 윤리가 나온다. 마틴 로이드존스(Martyn Lloyd-Jones)는 이렇게 말했다. "우리는 교리와 삶의 올바른 질서를 찾아야 합니다. 항상 진리가 먼저 와야 합니다. 그것은 교리가 먼저 와야 하며, 가르침의 기준이 먼저 와야 하며, 복음의 메시지가 먼저 와야 한다는 의미입니다."[8] 그렇게 진리, 교리, 복음이 먼저 오면 삶의 변화가 수반된다. 좋은 교리 설교는 실천에 큰 도움이 된다.

열두 번째, 교리 설교는 성도들의 정서적 건강에 큰 도움이 된다.

교리 설교는 삶의 목적과 의미에 대한 확신을 부여한다. 이러한 확신은 신자들이 삶의 역경에 직면했을 때 그것을 이겨 낼 힘을 주고, 건강한 정서를 갖도록 강력한 원천을 제공한다. 요즘처럼 스트레스가 많고 불확실성이 높은 시기에 건전한 교리는 세상이 줄 수 없는 위로와 확신을 준다. 불안을 완화하고 평안한 마음을 갖도록 돕는다. 교리 설교는 공동체 의식을 구축하는 데 도움을 주어, 사람들에게 소속감과 유대감 속에서 자신이 가진 문제를 극복할 힘을 준다. 교리 설교를 통하여 하나님의 변함없는 사랑, 십자가 복음, 성령의 지속적인 역사, 은혜의 놀라운 작용을 듣는 성도들은 자신을 긍정하며 타인을 용납하고 용기와 힘을 얻고 새로운 미래를 향해 도전한다.

이상과 같은 효과를 교리 설교 아닌 다른 설교로는 얻을 수 없는가? 물론 아니다. 하지만 잘 조직된 교리 설교를 지속적으로 듣는다면 열두 가지 효과를 더욱 분명하게 확보할 수 있다. 교리 설교는 모든 성경이 지닌 핵심적 공통 주제를 제시함으로써 성도들이 공통의 신앙을 갖게 하며, 그들을 공통의 경험으로 이끈다. 코로나19를 지나며 교회의 정체성과 공동체성이 많이 약해진 지금, 한국교회는 교리 설교가 시급하다!

좋은
교리 설교

vs.

안 좋은
교리 설교

● 좋은 교리 설교 작성하기

몇 년 전에 조엘 비키(Joel R. Beeke) 목사가 시무하는 헤리티지 교회에 가서 저녁예배를 드린 적이 있다. 마침 그가 삼위일체를 주제로 설교를 했다. 전형적인 교리 설교였다. 그의 목소리는 감기 기운으로 인해 약간 쉬어 있었다. 설교의 길이는 한 시간 이상이었다. 하지만 이러한 외적 요소가 그의 설교에서 하나님의 영광을 보는 것을 방해하지 못했다. 오히려 정반대였다. 설교를 듣는 내내 정말 이런 것이 영광스러운 설교라는 생각이 들었다. 단지 나만의 느낌이 아니었다. 설교를 함께 들었던 다른 사람들에게 소감을 묻자, 그들은 한결같이 성경적 진리와 성령의 역동을 경험했다고 고백했다.

어떻게 하면 좋은 교리 설교를 작성할 수 있을까? 우선 안 좋은 교리 설교의 특징을 설명하면서 더불어 좋은 교리 설교의 특징과 그것을 확보하는 방법을 제시하고자 한다.

● 안 좋은 교리 설교란?

첫째, 안 좋은 교리 설교는 성경 주해가 없는 설교이다. 가끔씩 성경과 교리를 대조시키려는 사람을 만난다. 성경만 배우면 되지, 왜 교리까지 배워야 하냐는 것이다. 하지만 성경과 교리는 대립 관계가 아니라 상보 관계다. 아우구스티누스가 말한 것처럼 교리는 성경에 여기저기 흩어진 가르침을 한곳에 모아주는 기능을 한다.[1] 교리는 성경을 바르게 이해하는 길을 제시한다.

하지만 교리 설교를 한다고 해서 성경 주해가 필요 없는 것은 결코 아니다. 좋은 교리 설교는 주해가 탄탄한 설교이다. 주해의 기본은 문맥을 파악하는 것이며, 성경의 장르와 특성에 따라 본문을 해석하는 것이다. 초대교회부터 17세기까지 설교자들은 성경으로 성경을 해석하는 원칙을 지켰다. "성경은 그 자신의 해석자이다"(sacra Scriptura sui interpres est)라는 말은 종교개혁자들이 처음 만든 말이 아니다.[2] 초대교회부터 내려온 주해의 원칙이었다. 하지만 근대 성경비평이 유행하게 되면서 성경의 통일성에 대한 생각이 많이 훼손되었다. 교리 설교는 성경의 통일성에 대한 신뢰를 근거로 작성한 설교이다. 성경의 통일성을 믿지 못하면 좋은 교리 설교를 할 수가 없다.

주해가 탄탄한 교리 설교를 하기 위해서 네 가지 단계를 따르면 좋다. '문법 · 어휘적 연구 – 문예적 연구 – 역사적 연구 – 신학적 연구'이다. 먼저 '문법 · 어휘적 연구' 즉, 히브리어와 헬라어 성경 본문을 연구해야 한다. 부담을 주려는 것이 아니라, 좋은 도구를 활용하라는 의미다.[3] 교리 설교의 핵심이 되는 구절한 절이라도 스스로 번역해 보면 본문에 대한 이해와 애착이 깊어진다. '문예적 연구'는 본문이 기록된 장르에 따라 성경의 결을 파악하는 작업이다. 한두 구절 안에 있는 근접문맥과 앞뒤로연결된 장에서 원접문맥을 찾아보라. 다루고 있는 구절이나 단락이 빠진다면 어떤 교훈이 사라지는지 면밀하게 살펴보라. 문예적 기법이 사용된 부분은 강조를 받는 부분이니 거기에서 설교의 포인트와 교리적 강조점을 도출할 수 있다. '역사적 연구'란 고고학 연구나 당대의 배경, 관습, 지도를 살피는 것이다. '신학적 연구'란 본문이 지니는 구속사적 위치를 찾는 것, 삼위일체적으로 본문을 해석하는 것, 하나님 나라와 언약의 관점에서본문을 바라보는 것, 그리스도 중심적이며 복음적으로 본문을연결 짓는 것이다.

'시간은 늘 부족한데, 이렇게 많은 연구를 어떻게 한단 말인가?'라며 염려부터 될 것이다. 걱정할 필요 없다. 좋은 주석은이 모든 것을 단번에 해결해 주기 때문이다. 교리 설교를 작성할 때 좋은 주석 한두 권 정도는 반드시 읽어야 하는 이유가 거기에 있다. 어떤 주석이 교리 설교를 위해 유익할까? 'CCC'로말할 수 있다. 첫 번째 C는 'Coherence', 일관성이다. 교리 설교에 도움 되는, 일관성이 있는 주석은 주석가가 성경에 대한 건전한 관점과 탄탄한 교리적 이해를 바탕으로 저술한 것이다. 두 번째 C는 'Comprehensiveness', 포괄성이다. 하나의 구절을 해석하기 위해서 성경 전체에서 연관된 구절들을 가지고 설명한다면 좋은 주석이다. 앞에서 말한 성경의 통일성을 믿는 주석가의 주석이다. 세 번째 C는 'Compatibility', 적합성이다. 성경의 메시지를 오늘날의 교회 상황에 잘 적용하고 있는 주석이 설교를 위해 좋은 주석이다. 이런 'CCC'를 갖춘 주석을 찾기 힘들다면, 'BestCommentaries.com' 사이트에서 상위 1-5위에 오른 주석 중에 우리말로 번역된 것을 우선적으로 보면 거의 확실하다.

둘째, 안 좋은 교리 설교는 전하고자 하는 핵심 교리에 대한 이해가 부족한 설교이다. 영어 속담에 "서투른 치료는 질병보다 더 나쁘다"는 말이 있다. 교리에 대한 이해가 부족한 상태에서 교리 설교를 하면 설교의 주제가 불명확해진다. 그러면 기억에 남지 않을 뿐만 아니라 오해가 발생한다. 반대로 좋은 교리 설교는 교리에 대한 분명한 이해를 바탕으로 교리가 가진 명쾌함을 청명하게 전달한다. 교리를 확실하게 알면 교리 설교 주제도 명확해진다.

여기에서 교리 설교의 주제는 주석의 주제, 즉 석의 주제와는 약간 다르다는 것을 인식할 필요가 있다. 주해는 주해대로 하고, 본문과 상관없이 점프를 하자는 것은 아니다. 석의 주제란 본문을 주해해서 나온 핵심 메시지를 뜻한다. 하지만 교리 설교의 주제란 석의 주제를 교리 설교의 목적과 구성에 맞게 다듬어놓은 것이다. 석의 주제에 근거하여 교리 설교의 주제를 잡아야 한다. 성경 본문은 구체적인 대상에게 특정 사안을 염두에 두고 작성한 경우가 대부분이다. 그래서 석의 주제는 1차 독자들을 겨냥해서 나온 주제이다. 하지만 교리 설교의 주제는 현대의 청중에게 보다 일반적인 진리를 담은 메시지로서, 약간 더 추상적이고, 약간 더 보편적인 메시지이다. 석의 주제가 특정 경험과 관련된 것이라면, 교리 설교의 주제는 보편적 경험을 담고 있다. 그 보편적 경험을 한데 모아 놓은 것이 요리문답이나 신조이다.

그렇다면 핵심 교리를 잘 전달하는 좋은 교리 설교를 구성하려면 어떻게 해야 할까? 우선 교리 전반에 대한 이해를 가져야 한다. 하이델베르크 요리문답, 웨스트민스터 소요리문답, 웨스트민스터 대요리문답 등을 스스로 연구해야 한다. 교리를 연구할 때는 대충 하지 말고 깊이 있게 해야 한다. 문답과 문답 사이의 주제적 연결성을 살피고, 문장과 문장 사이의 논리적 연결관계를 파악해야 한다. 모르는 것이 있다면 책을 찾아보거나, 잘 아는 사람에게 물어보는 것이 좋을 것이다.[4] 챗GPT나 유튜브 동영상을 찾아서 연구할 수도 있다. 교리 연구는 생각을 기르는 훈련이다. 스스로 질문을 던지고 답을 찾아가다 보면 어느덧 교리가 주는 재미를 느끼게 된다. 본인이 교리를 재밌어 해야 듣는 청중도 그것을 재밌게 여기도록 만들 수 있다. 아우구스티누스는《입문자 교리교육》에서 교사의 기쁨이 학생에게 그대로 전달된다고 하였다. 그의 말을 들어 보자. "우리 스스로 하는 일을 즐겁게 수행할 때 더 많은 이들이 우리의 말에 귀 기울이게 됩니다. 우리가 하는 말의 성질은 우리가 말하면서 누리는 바로 그 기쁨으로 충만해집니다. 그때 우리의 말은 더욱 수월하고 즐겁게 나옵니다."[5]

하이델베르크 요리문답, 웨스트민스터 소요리문답, 웨스트민스터 대요리문답 등에 함께 달려 있는 성경 구절들을 바탕으로 스스로 교리를 작성해 보는 훈련도 도움이 된다. 예를 들어, 하이델베르크 요리문답의 6문답은 인간 최초의 상태에 대한 질문과 답으로 구성되어 있다. 그에 대해 6문답의 증거구절로 제시된 창 1:26-27, 창 1:31, 엡 4:24, 골 3:10, 시 8:4-9, 계 4:11을 가지고 타락 전 인간의 상태에 대한 교리를 스스로 작성해 보자. 그리고 우르시누스(Ursinus)가 작성한 답과 비교해 보자.[6] 이 방법을 훈련하다 보면, 어느덧 성경에서 교리를 도출하는 방법을 터득하게 된다.

셋째, 안 좋은 교리 설교는 구체적인 적용이 빠진 설교이다. 교리 설교라고 해서 적용이 결여되면 안 된다. 적용은 설교에서 매우 핵심적인 부분이다. 토머스 굿윈이 말한 것처럼 교사와 설교자의 차이는 성경의 해석과 성경의 적용의 차이다.[7] 심지어 찰스 스펄전(Charles Spurgeon)은 적용이 시작될 때 비로소 설교가 시작된다고 말하기까지 했다.[8] 존 스토트(John Stott)가 간단히 정의 내린 것처럼 설교란 본문과 현장 사이에 다리를 놓는 작업이다. 적용이 빠진 설교는 끊어진 다리와 같다. 교리 설교는 처음부터 끝까지 교리만 설교하다가 마치는 설교가 아니다. 본문에서 출발하여 교리를 설명하고 적절한 적용까지 제시되는 설교가 좋은 교리 설교다. 교리를 설명하느라 너무 많은 시간을 들이는 것보다 적당한 곳에서 끊고 적합한 적용을 제시하는 것이 훨씬 좋다.

어떻게 교리를 삶에 적용할까? '신학적 적용'과 '정서적 적용'과 '삶의 적용'을 모두 생각하면 좋다. '신학적 적용'이란 교리를 알게 되어 성경을 이해하는 방식이 달라지는 것이다. 예를 들어, 이신칭의 교리를 잘 설명하면 성경을 율법주의적으로 해석하지 않고 은혜의 원리 속에서 해석하게 될 것이다. '정서적 적용'이란 교리를 깨달음으로 인해서 생기는 마음의 변화를 뜻한다. 가령, 확신 교리를 잘 설교하면 신자는 역경 속에서도 두려움에 떨지 않고 하나님을 바라볼 것이다. '삶의 적용'이란 교리가 주는 메시지를 삶에 적용하는 것을 뜻한다. 성화에 대해 바르게 배운 사람은 매일의 경건에 힘쓰게 될 것이다. 종말에 대해 제대로 배운 사람은 매일 산 제사로 자신을 하나님 앞에 드리고자 할 것이다.

좋은 교리 설교자는 적용을 적용답게 제시한다. 그러기 위해서 청중을 분석할 것이다. 청중의 코드(code)와 니드(need)를 면밀하게 연구할 것이다. 청중의 삶에 들어가는 상상력 없이 좋은 적용은 절대 이뤄지지 않는다. 한 권의 소설이나 수필, 한 편의 시나 유튜브 방송도 오늘날의 청중에게 전달하는 메시지가 있다. 그것을 분석해야 한다. 17세기에 형성된 교리를 설교한다고 해서, 청중마저 17세기 사람이라고 생각해서는 안 된다. 교리는 옛것이지만 적용은 새것이어야 한다. 우리가 전하는 교리는 보편성을 갖지만, 교리가 적용될 때는 구체성을 가져야 한다. 사실, 교리 설교의 적용을 훈련하다 보면 적용이 아주 풍성해진다. 그냥 본문에서 적용으로 나아가는 설교보다 본문에서 교리로 나아간 후에 적용으로 나아가는 설교는 설교자나 청중의 관심을 뛰어넘는 적용의 차원에 도달하게끔 도와준다. 그것이 교리가 지닌 매력이자 강점이다.

넷째, 안 좋은 교리 설교는 구조상 문제가 있는 설교다. 혼란, 비약, 식상, 모순의 네 가지 사례가 있다. 우선, 무슨 말을 하고 싶은지 파악이 안 되는 '혼란형'이 있다. 구슬이 서 말이라도 꿰어야 보배다. 너무 혼잡하면 아무것도 기억에 안 남는다. 또한, 중간에 설명해야 할 것을 빠뜨리는 '비약형'이 있다. 사람은 논리적 연결이 자연스러울 때 감탄하게 된다. 챗GPT가 우리를 놀라게 하는 게 그것 아니겠는가? 모든 영역에서 매끄럽다는 것은 덕(德)이 되며 선(善)이 되며 미(美)가 된다. 그리고 '식상형'이 있다. 처음 3분만 들으면 뒤에 무슨 내용이 나올지 다 짐작이 되어 기대감이 떨어져 버리는 설교다. 만일 어떤 영화가 첫 3분 동안 전체 스토리를 다 알려 주는 영상이 나온 다음 상영된다면 누가 그 영화를 집중해서 보겠는가? 설교도 하나의 내러티브(줄거리를 가진 글)라면 발단, 전개, 위기, 절정, 반전 등이 들어가야 한다. 얼마든지 그런 요소를 넣을 수 있는데, 왜 설교를 밋밋하게 만드는가? 그런데 가장 위험한 것은 역시 '모순형'이다. 앞에서 했던 말과 뒤에서 했던 말이 다르면 정말 곤란하다. 몇 주 전에 했던 설교와 오늘 하는 설교가 모순된다면 설교의 권위가 떨어진다. 사실 교리 설교는 모순을 막아 주는 것이 가장 큰 미덕인데, 교리 설교들 사이에 모순이 발생한다면 그것이야말로 역설 중에 역설이다.

● 좋은 교리 설교의 구조

그렇다면 좋은 교리 설교는 좋은 구조를 가져야겠다. 방법은 다양하다. 우선, '성경 구절의 순서'를 따르는 방법이다. 한 절씩 풀면서 관련된 교리를 차근차근 제시하는 것이다. 특히 바울 서신서는 '1절1교리' 구절들이 가득하므로, 일종의 강해식 교리 설교를 하기에 안성맞춤이다. 이 부분에 관한 한 로이드존스의 설교가 타의추종을 불허한다.

다음으로, '논리적 연결'을 제시할 수도 있다. 설교자가 제시하는 교리를 치밀하게 논증하는 설교는 쾌감마저 준다. 팀 켈러의 설교가 뉴욕의 다양한 사람들에게 설득력 있게 다가간 이유는 그 안에 탁월한 변증이 들어 있기 때문이다. 효과적인 논증을 위해서는 성경과 논리를 통한 증명, 설득력 있는 글귀 인용, 직접경험이나 간접경험의 예화 등을 활용하면 좋다.

어떤 경우에는 '시간적 연결'을 구조로 취할 수도 있다. 예를 들어, '황금사슬'이라 불리는 로마서 8장 30절은 그러한 구조를 취하기에 적합하다. 존 맥아더(John MacArthur)는 구수한 입담으로 이러한 시간적 순서를 자주 활용한다.

반대의 경우를 제시하고 '반박하는 구조'도 좋다. 청교도들은 스콜라적 방법에 근거하여 이런 설교를 자주 했다. 조나단 에드워즈(Jonathan Edwards)의 설교도 역시 그런 요소가 많이 나타난다. 하지만 오늘날과 같은 다원주의 시대에는 더욱 조심스럽게 접근할 필요가 있다. 존 파이퍼(John Piper)는 기독교 진리를 제시했을 때 50년 전에 사람들은 "맞다, 틀렸다"라고 대답하는 경향이 있었지만, 오늘날 사람들이 "당신은 그렇게 믿고, 나는 다르게 믿겠다"라고 대답한다고 말한 적이 있다. 그렇기에 틀린 주장을 마냥 반박한다고 일이 다 끝난 것이 아니라, 미학적 관점에서 성경적 교리가 탁월하고 매력적임을 펼쳐 보여 줘야 한다.

좋은 교리 설교는 쉽게 탄생하지 않는다. 하지만 모방과 창작 속에서 꾸준히 훈련하고 연습한다면 시간이 갈수록 정말 멋진 교리 설교를 작성할 수 있게 될 것이다. 교리 설교는 적어도 내용 자체에서 길 잃을 위험이 별로 없다. 우리에게는 이미 정립된 교리가 있기 때문이다. 중요한 것은 좀 더 효과적으로 전달하는 방법을 터득하는 것이다. 방법을 모르면 교리 설교만큼 죽쓰기 쉬운 설교도 없지만, 자신만의 방법만 터득하면 교리 설교만큼 설교자와 청중 모두에게 만족을 주는 설교도 없다. 불붙은 진리로 가슴이 뜨거워지고, 마음에 강한 위로와 힘이 되며, 삶이 변하기 때문이다.

교리 설교의
두 형식

● 성경과 교리의 밀접한 관계

좋은 교리 설교의 비밀은 성경과 교리의 긴밀한 관계성을 보여 주는 데 있다. 최근에 아주 좋은 교리 설교집을 읽었다. 윤석준 목사의 《견고한 확신》이라는 책이다.[1] 도르트 신조를 설교형식으로 풀어낸 책인데, 당시는 아직 출간된 책은 아니었고 추천사를 위해 1차 교정본을 받아 읽었다. 900쪽이 훨씬 넘는 책을 이틀 만에 독파할 수 있었다. 워낙 흡입력이 있었기 때문이다. 좋은 교리 설교는 정말 엄청난 매력이 있다. 재미있는 드라마처럼 다음이 몹시 기대된다. 교리가 제시하는 주옥같은 진리를 성경을 가지고 차근차근 설명해 주기 때문이다.

종교개혁자 마르틴 루터는 《대교리문답》에서 교리와 성경 사이의 유기적 연관성을 명쾌하고 정확하게 지적한다. 한편으로, 교리는 성경 전체를 아주 짧고 이해하기 쉬운 방법으로 요약한 것이다.[2] 그렇기에 교리를 잘 배우면 성경에 대한 이해가 크게 늘어난다. 다른 한편으로, 교리를 제대로 이해하려면 성경에 대한 폭넓은 이해가 있어야 한다. 루터의 말을 직접 들어 보자. "십계명을 바르고 완전하게 알려는 사람이라면 성경 전체를 이해할 수 있어야 합니다. … 시편의 시인들이 끊임없이 붙잡고 고수했던 것이 무엇인지 아십니까? 다름 아니라 십계명의 첫째 계명입니다."[3] 루터의 말은 전혀 과장이 아니다. 그는 성경과 교리의 긴밀한 연결성을 누구보다 잘 이해하고 있었다.

● 교리 설교의 여러 형식들

이러한 원리를 교리 설교의 구체적인 형식에 적용해 보자. 밀라드 에릭슨과 제임스 헤플린은 교리 설교의 다양한 형식을 제안했다. 강해식 교리 설교, 주제식 교리 설교, 내러티브식 교리 설교, 연극식 교리 설교 등이다.[4] 실제로 그들이 제안한 설교를 읽어 보면 교리 설교라기보다는 일반적인 강해 설교, 주제 설교, 내러티브 설교, 연극식 설교에 가깝다. 그리고 바쁜 현장 사역자들이 방법을 익혀서 작성하기도 쉽지 않아 보인다. 이 글에서는 좀 더 교리에 밀착된 설교인 동시에, 좀 더 쉽게 접근할 수 있는 교리 설교 형식을 제안하고자 한다.

성경과 교리를 동시에 제시하는 형식은 크게 두 가지가 있다. '제1형식'은 성경을 강해하면서 교리를 삽입하는 형식이다. 이 경우는 성경 강해에 좀 더 많은 시간과 비중을 할애한다. '제2형식'은 교리의 항목을 설명하면서 관련 성경 구절을 제시하고 설명하는 방식이다. 이 경우는 교리 설명이 중심이 되고 성경 구절 해설은 그에 수반되는 식이다. 아래에서 구체적인 예를 들어 가면서 설명하겠다.

제1형식 - 성경 강해가 주가 되고 교리 설명이 부가 되는 방식

첫 번째로, 성경을 강해하면서 교리를 삽입하는 형식이다. 강해 설교가 무엇인지에는 많은 토론이 있지만, 이 글에서는 편의상 '성경 한 권을 처음부터 끝까지 한 장 혹은 한 단락씩 풀어 설명하고 적용하는 설교'라고 규정하겠다. 가령, 룻기를 강해한다고 가정해 보자. 설교자는 룻기를 설명하면서 교리를 삽입하는 교리 설교를 구상할 수 있다.

룻기는 다섯 번에 걸쳐 설교할 수 있는데, 1장을 1-14절과 15-18절로 나눠서 두 번 설교하고, 2장, 3장, 4장을 차례대로 설교하는 것이다.[5] 먼저 설교자는 1장 1-14절을 본문으로 해서 룻기의 배경이 되는 사사 시대와 베들레헴 땅을 떠난 엘리멜렉과 나오미를 소개할 것이다. 특히 이 장면에서 설교자는 약속의 땅에 찾아오는 기근은 우연이 아니라, 하나님의 언약에 따른 것임을 설명할 수 있다. 그리고 하나님께서 자기 백성을 돌보셔서 베들레헴에 다시 양식을 주시는 것(룻 1:6) 역시 하나님의 언약적 자비에 근거한 일임을 설명할 수 있다. 바로 여기에서 '언약'에 관한 교리 문답을 넣어 교훈을 보다 일반화할 수 있다. 가령, 웨스트민스터 대교리 제30문답에는 하나님께서 모든 인류를 죄와 비참의 상태에서 멸망하도록 버려두지 않으시고, 하나님의 순전한 사랑과 자비로 그분의 백성에게 은혜언약을 베푸신다고 가르친다. 언약의 이러한 특성을 교리를 통해 설명함으로써, 설교자는 회중이 하나님의 언약이 지니는 속성을 더욱 잘 깨닫고 하나님을 신뢰하도록 인도할 수 있다.

다음으로 설교자는 룻기 1장 15-18절을 설교할 때 룻의 신앙을 설명할 것이다. 특히 아브라함에게 주셨던 언약(창 12:1-3)이 룻의 신앙과 삶에서 어떻게 실현되는지 설명하면 좋다.[6] 그러면서 하나님의 구원은 혈통이 아니라, 하나님의 부르심에 근거함을 드러내야 한다. 이때 설교자는 하이델베르크 교리문답 54문답을 활용할 수 있다. 하나님께서 성령과 말씀으로 온 인류 가운데 주님의 백성을 모으신다는 내용이 나온다. 또한 도르트 신조 첫째 교리 제6항은 하나님께서 구원의 일을 그의 뜻에 따라 결정하신다고 설명하는데, 이 교리를 가지고 룻을 부르시는 하나님에 대해 부가적으로 설명하면 좋다. 또한, 설교자는 본문에서 나오미의 연약한 모습과 룻의 신앙을 대조적으로 보여 줄 수 있는데, 여기에서도 교리문답을 활용하는 것이 좋은 전략이 될 수 있다. 가령, 참된 믿음을 설명하는 벨직 신앙고백서 제22항, 하이델베르크 요리문답 제20, 21문답, 제2스위스 신앙고백서 제16장, 웨스트민스터 신앙고백서 제14장 등이 도움이 된다. 또한 설교자는 베들레헴으로 돌아온 나오미의 고백과 회개를 설명할 것인데, 이때 회개와 회심에 대한 교리를 적절하게 활용할 수 있다. 대표적으로 하이델베르크 요리문답 제2, 81, 87, 88, 89, 90, 114문답이라든지, 웨스트민스터 신앙고백서 제15장이다. 설교자는 이 교리문답을 모두 설명할 필요는 없으며, 핵심부분을 인용하고 간단하게 설명하는 것으로 족하다. 그렇게 함으로써 청중은 보다 일반화된 진리를 알아차릴 수 있다.

룻기 2장 1-13절에는 룻과 보아스의 만남이 나온다. 이 장면에서는 하나님의 섭리를 드러내는 설교가 필요하다. 룻과 보아스의 만남은 우연이 아니라 하나님의 인도와 계획하에 일어난 일이었다. 교리문답은 하나님의 섭리에 대해 탁월하게 가르치는 부분이 많다. 벨직 신앙고백서 제13항, 하이델베르크 요리문답 제26, 27, 28, 125문답, 웨스트민스터 소요리 제11문답, 웨스트민스터 대요리 제18, 19문답 등이다. 아래와 같은 웨스트민스터 신앙고백서 제5장 1항의 내용은 읽기만 해도 은혜가 된다.

만물의 위대하신 창조자 하나님은 그분의 지혜와 권능과 공의와 선하심과 자비하심의 영광을 찬양하게 하시기 위해 그분의 오류가 없는 미리 아심과, 자유롭고 불변하는 그분 뜻의 경륜을 따라 그분의 지극히 지혜롭고 거룩한 섭리로 말미암아 지극히 큰 것부터 가장 작은 것에 이르기까지 모든 피조물과 그 행위와 일 들을 보존하시고 지시하시며 처리하시고 다스리신다.

롯기 3장 1-18절은 롯기에서 가장 긴장감 넘치는 부분이다. 나오미는 롯에게 이상하고도 위험한 일을 감행하라고 지시한다. 추수가 끝난 타작마당에서 보아스의 발치 끝에 누워 있다가 그가 시키는 대로 행하라는 명령이었다. 그것은 기업 무르는 제도 즉, 고엘 제도를 이용한 전략이었지만, 상황은 복잡 미묘하고 위험성이 컸다. 그런데 놀랍게도 기업 무를 자(고엘)가 되어 달라는 롯의 요청에 보아스는 기꺼이 승낙한다. 여기에서 설교자는 성도들의 고엘이 되시는 예수 그리스도에 대해 언급해야 한다. 그러면서 자연스럽게 우리 구원의 중보자와 보증이 되시는 그리스도의 직분에 대한 교리(웨스트민스터 신앙고백서 8장)를 도입할 수 있을 것이다.

롯기의 마지막 장인 4장은 보아스가 법적 절차를 통해 롯의 고엘이 되는 장면을 보여 준다. 본문에서 하나님은 우리 삶에서 쉬지 않고 일하시며, 역사를 주관하고 이끄신다. 하나님은 롯과 보아스의 결혼을 통해서 다윗이 오는 길을 예비하셨다. 롯기는 우리 믿음의 반응이 하나님의 역사에 연결될 때 하나님의 약속이 성취됨을 알려 준다. 설교자는 사사 시대와 같이 암울한 시대에도 롯과 보아스 같은 믿음의 사람을 예비하시고 그들을 통해 다윗이 태어나도록 역사하신 하나님을 드러내야 한다. 그리고 다윗의 후손으로 오신 그리스도가 지금 우리 가운데 쉬지 않고 역사하고 계심을 믿고 기도하도록 인도할 수 있다. 이때 주기도문의 두 번째 간구에 대한 웨스트민스터 대요리 제191문답은 큰 도움이 된다.

이때쯤 독자들은 "어떻게 그 많은 교리들 가운데 본문에 해당하는 것을 찾을 수 있을까?"라는 질문을 던질 것이다. 세 가지 방법이 있다. 하나는 컴퓨터를 이용하여 검색하는 것이다. 교리문답은 인터넷에서 쉽게 구할 수 있기에 검색하면 관련 조항을 찾을 수 있다. 다른 하나는《개혁주의 신앙 고백의 하모니》라는 책을 이용하는 것이다.[7] 이 책은 조엘 비키와 싱클레어 퍼거슨 (Sinclair B. Ferguson)이 편집한 신앙고백 모음집이다. 여러 교리서들이 주제별로 편집되어 찾기가 쉽다. 마지막 방법은《개혁주의 스터디 바이블》을 참조하는 것이다. 주요 교리가 나타나는 성경 단락마다 설명이 제시되어 있어 매우 유용하다.[8]

제2형식 – 교리 항목을 설명하며 성경 해설을 수반하는 방식

이제 두 번째로, 교리의 항목을 설명하면서 관련된 성경 구절들을 수반하여 해설하는 교리 설교를 생각해 보자. 한 가지 주의할 점은 이때에도 중심이 되는 성경 본문을 먼저 읽고 시작하는 것이 좋다는 점이다. 그래야만 교리가 성경에서부터 나온 것임을 좀 더 직접적으로 강조할 수 있기 때문이다. 예를 들

어 보자.[9]

하이델베르크 요리문답 제26문답은 사도신경 첫째 조항에 대한 해설이다. "나는 전능하신 아버지 하나님, 천지의 창조주를 믿습니다"라는 고백이 의미하는 내용을 창조와 섭리의 관점으로 설명하고 있다. 제26문답에 나오는 증거 구절은 아주 많다. 창 1:1; 2:3; 17:1; 18:14; 출 20:11; 욥 38:4-11; 시 33:6; 55:22; 84:5-6; 104:2-5, 27-30; 115:3; 사 40:26; 44:24; 마 6:25-26, 32-33; 7:9-11; 10:29-30; 눅 12:22-24; 요 1:12; 20:17; 행 4:24; 14:15; 롬 8:15, 28, 37-39; 10:12; 11:36; 갈 4:5-7; 엡 1:5, 11; 계 1:8 등이다. 한 편의 설교에 이 모든 구절을 전부 다루겠다는 야심 찬(?) 설교자는 아무도 없을 것이다. 당연히 취사선택해야 한다. 순서는 아래와 같다.

우선, 설교자는 이 모든 구절들 중에 창조와 섭리를 동시에 아우를 수 있는 구절을 찾아서 설교의 중심 본문으로 삼아야 한다. 이사야 40장 26절이 눈에 들어온다. 그러나 그 한 구절로만 창조와 섭리를 다 말하기는 힘들기에, 설교 본문으로는 40장 26-31절을 잡을 수 있다. 이처럼 중심 구절을 정하고, 그 앞뒤로 몇 구절을 더 넣으면 설교가 더 자연스럽게 흘러갈 수 있다. 예배 시간에는 이 본문을 먼저 읽고, 이어서 하이델베르크 요리문답 제26문답을 읽으면 된다.

그다음으로 설교자는 하이델베르크 요리문답 제26문답을

앞에서부터 차근차근 설명하면서 창조와 섭리를 가르친다. 제26문답에서 먼저 "우리 주 예수 그리스도의 영원하신 아버지"께서 천지를 창조하셨다는 부분으로 창조가 삼위일체 하나님의 사역임을 설명한다. 그리고 예수 그리스도의 아버지 하나님께서 창조주이심을 강조하면서 구원을 경험한 사람이 창조도 제대로 이해할 수 있음을 설명한다. 이것은 출애굽한 이스라엘 백성이 시내산에서 모세로부터 "하늘과 땅과 바다와 그 가운데 모든 것을" 만드신 여호와 하나님에 대해서 들은 것과 마찬가지다(출 20:11).

이어서 설교자는 "아무것도 없는 중에서 하늘과 땅과 그 가운데 있는 모든 것을 창조"하신 하나님을 설명하면서 무(無)로부터의 창조를 가르친다. 이때 설교자는 앞서 읽었던 본문인 이사야 40장 26절에 나오는 하나님의 능력에 대해 설명할 수 있다. 그리고 함께 증거 구절로 제시된 사도행전 4장 24절과 14장 15절 등을 인용하면서 설명을 덧붙일 수 있다. 증거 구절로 제시는 안 되어 있지만 히브리서 11장 3절도 무에서의 창조를 가르치므로, 더불어 인용하면 좋다. 이 부분을 설명하면서 현대 진화론 및 유신진화론의 문제점을 지적할 수도 있다.

창조에 대해 설명한 설교자는 하이델베르크 요리문답 제26문답의 순서를 따라서 섭리에 대해 다룰 것이다. 하나님께서 "영원한 작정과 섭리로써 이 모든 것을 여전히 보존하고 다스리심을 믿으며"라는 부분에서 작정과 섭리라는 용어를 설명할 수 있다. 작정은 세상만사에 대한 하나님의 뜻과 계획이다.[10] 섭리는 창조에 뒤이은 신적 능력의 행위로서 만물을 보존하시고, 지지하시고, 통치하시는 하나님의 행위를 가리킨다.[11] 이러한 일반적이고 객관적인 설명을 넘어서, 하이델베르크 요리문답은 고난의 문제에 섭리론을 적용시킴으로써 더욱 유익을 주고자 한다. 제26문답의 이어지는 부분은 이렇게 적고 있다.

> 하나님께서 그의 아들 그리스도 때문에 나의 하나님과 나의 아버지가 되심을 나는 믿습니다. 하나님께서 나의 몸과 영혼에 필요한 모든 것을 채워 주시며, 이 눈물 골짜기 같은 세상에서 당하게 하시는 어떠한 악도 합력하여 선을 이루게 하실 것을 나는 조금도 의심 없이 믿습니다. 그는 전능하신 하나님이시기에 그것을 행하실 수 있고, 신실하신 아버지이시기에 그렇게 하기를 원하십니다.

이 부분을 설명하면서 설교자는 우리 인생의 최고 공급자이신 하나님에 대해 설명해야 한다. 심지어 고난 중에서 쉼 없이 역사하시는 하나님을 강조해야 한다. 감당할 수 있는 시험만 허락하시고, 시험당할 즈음에 피할 길을 주시는 하나님께로 청중을 데려가야 한다(고전 10:13). 그것을 위해서 앞에서 읽었던 이사야 40장 27절 이하를 설명하면서 진리를 더욱 풍성하게 보여 줄 수 있다.

이상에서처럼 제1형식이든 제2형식이든 중요한 것은 성경과 교리의 유기적 관계를 보여 주면서 설교를 진행하는 것이다. 처음에는 둘 다 쉽지 않겠지만, 경험이 늘면 각각의 형식을 약간씩 변형시켜 가면서 다양하게 시도해 볼 수 있다. 실력이 붙으면 교리 설교가 설교자와 청중 모두에게 얼마나 큰 재미와 유익을 주는지 분명히 알게 될 것이다.

그리스도 중심적
교리 설교

● 팀 켈러와 교리 설교

팀 켈러(Timothy J. Keller, 1950-2023) 목사가 큰 족적을 남기고 세상을 떠났다. 목사, 교수, 교회 개척자, 저술가, 복음주의 세계의 스타 등등, 그를 설명하는 명칭은 여러 가지다. 하지만 그를 가장 잘 설명할 수 있는 단어는 바로 '설교자'다. 그는 설교 사역을 통해서 교회를 성장시키고, 설교 사역을 통해서 수많은 사람들에게 영향을 끼쳤기 때문이다. 그가 쓴 책들도 대체로 그의 설교에서 발전한 것이 많다.

팀 켈러 설교의 특징은 뭘까? 그리스도 중심적 강해 설교, 성경적 진리에 근거한 변증 설교, 도시 선교에 초점을 맞춘 복음 설교가 주요한 특징일 것이다. 그런데 이러한 세 가지 특징이 터 잡고 있는 한 가지 공통 토대가 있다. 그것은 그의 설교가 개혁주의 주요 저자들의 책과 웨스트민스터 신조에 깊이 뿌리박고 있다는 점이다. 그가 웨스트민스터 신학교에서 가르칠 때 추천하는 저자를 알려 달라고 질문하자 조금의 망설임도 없이 장

칼뱅을 말했다고 한다. 그는《기독교강요》를 매주 5일씩 할애하여 1년에 1독했다.[1] 그 정도로 그의 설교와 책들은 교리적으로 탄탄한 근거 위에 작성되었다. 켈러의 설교가 지니는 가장 중요한 특징인 '그리스도 중심적 설교'도 예외가 아니다. 이번 글에서는 교리 설교와 그리스도 중심적 설교의 연관성을 살피고자 한다. 교리에 대한 이해가 탄탄할 때 그리스도 중심적 설교를 보다 수월하게, 그리고 효과적으로 작성할 수 있음을 설명할 것이다.

● 그리스도 중심적 설교란?

모든 설교는 그리스도가 주인이 되시며, 그리스도를 증거하는 설교여야 한다. 바울은 "예수 그리스도와 그가 십자가에 못 박히신 것 외에는 아무것도 알지 아니하기로 작정"했다고 고백할 정도였다(고전 2:2). 그리스도는 자신에 대한 증거가 담긴 설교로써 교회를 세워 가신다. 에드먼드 클라우니(Edmund Clowney)는 설교에서 그리스도를 선포하지 않는 설교자는 성령께서 성경을 주신 주된 목적을 무시하는 설교자라고 단언한다.[2] 그리스도 외에는 그 누구도 구원을 줄 수 없다(행 4:12). 오직 그리스도만이 길이요 진리요 생명이시기에(요 14:6), 그리스도를 믿어야 구원을 얻는다(행 16:31). 따라서 그리스도의 모든 것을 모든 사람에게 전하는 일은 성경이 명령하는 설교자의 사명이다.

그리스도 중심적 설교는 단지 설교 중간에 그리스도를 몇 번 언급하거나, 설교 끝에 갑자기 그리스도를 덧붙이는 설교가 아니다.[3] 그리스도 중심적 설교는 구원역사 전체를 고려하면서 그것이 그리스도 안에서 어떻게 실현되었는지 보여 주고 적용하는 설교다.[4] 시드니 그레이다누스(Sidney Greidanus)는 좀 더 엄밀하게 정의하기를, "'그리스도를 설교한다는 것'은 신약에 계시된 바 있는 예수 그리스도의 인격과 사역 그리고 그의 가르침 속에서 절정에 다다른 하나님의 계시를 본문의 메시지와 권위 있게 통합하여 전하는 설교"라고 말한다.[5]

● 그리스도 중심적 설교의 어려움

그리스도 중심적 설교가 이렇게 중요하지만 사실 현장에서는 그리스도 중심적 설교를 듣기가 쉽지 않다. 특별히 이런 부분에서 생각이 없는 설교자도 있지만, 그리스도 중심적 설교를 전하고자 하는 설교자들 역시 설교 작성 단계에서 어려움을 많이 느끼기 때문이다. 사실 팀 켈러도 그리스도 중심적 설교를 실천하는 일은 대단히 어렵다고 고백했다. 그는 그리스도께서 특정 본문의 주제를 어떻게 성취하셨는지 이해하더라도, 그것을 일상생활에 적용하는 일은 또 다른 문제라고 말했다.[6]

그리스도 중심적 설교는 특히 구약 본문을 해석할 때 필요하다. 구약을 해석할 때 그리스도 중심적 특징이 빠지면, 유대 회당에서의 강설과 기독교 강단에서의 설교가 별 차이 없을 것이다. 하지만 많은 설교자들은 구약 본문을 설교할 때 그리스도 중심적 해석을 제대로 드러내지 못한다. 이안 더귀드(Iain Duguid)는 구약을 그리스도 중심적으로 제시하지 못하는 세 가지 대표적인 경우를 제시한다.[7]

첫째는 '알레고리적 도덕주의'다. 구약 본문에서 직접 도덕적인 교훈을 뽑아서 현대 청중에게 바로 적용하는 방식이다. 이 경우에는 성경의 문맥도 무시하고, 구원역사도 무시할 가능성이 크다. 예를 들어, 에스겔 48장에서 각 지파의 경계를 정하는 것을 보면서 자신의 삶에도 경계선이 필요하다는 적용을 이끌어 낸다면 알레고리적 도덕주의에 해당한다.

둘째는 '알레고리'다. 주어진 구약 본문의 한 단어를 뽑아 그리스도와 그분의 사역에 직접 적용하는 방식이다. 이 경우는 성경의 문맥과 의미가 무시되며, 본문의 적용 또한 무시될 가능성이 크다. 가령, 여호수아 2장에 나오는 '붉은 줄'이 그리스도의 십자가 보혈을 상징한다고 보는 해석이 대표적이다.

셋째는 '도덕주의'다. 구약 본문의 역사적 배경과 문맥을 살피지만, 구원역사적 흐름은 빼 버리고 바로 적용으로 나아가는 경우다. 오늘날 많은 구약 주석들이 취하는 견해인데, 구원역사와 그리스도의 성취를 무시할 가능성이 있는 해석이다. 예를 들어, 레위기를 역사적 배경과 오경의 문맥 속에서 해석하지만 그리스도를 통과하지 않고 바로 현대 청중에게 적용하는 경우이다. 더귀드는 이 마지막 해석이 앞의 두 해석보다 낫지만, 그럼에도 불구하고 여전히 해석의 중심에는 독자가 있으며 구약이 근원적으로 지시하는 그리스도를 못 보게 만들 위험성이 있음을 지적한다.

더귀드가 제시하는 가장 좋은 구약 해석은 다음의 4단계를 따른다. 1단계, 구약 본문의 역사적 배경과 문맥을 연구하여 의미를 도출해 낸 다음, 2단계, 그것이 구원역사와 계시역사에서 어떻게 발전하고 있는지를 고찰하고, 3단계, 그 의미가 최종적으로 그리스도에게서 어떻게 성취되는지 살핀 다음에, 4단계, 그 의미를 현대 청중에게 적용한다. 이 해석은 에드먼드 클라우니와 팀 켈러가 제시하는 그리스도 중심적 설교와 상통한다.

● 그리스도 중심적 설교를 작성하기 위한 과정

그렇다면 그리스도 중심적 설교를 작성하기 위해서는 어떤 과정이 필요할까? 첫째로, 복음서를 잘 알아야 한다. 그리스도께서 행하신 일과 전하신 말씀을 모른 채 그리스도 중심적 설교를 작성하려는 것은 덧셈을 모르면서 곱셈부터 하려는 행위와 같다. 복음서 중에 하나를 택하여 철저하게 연구해야 한다. 아우구스티누스는 395년에 주교가 되고 5년이 채 지나지 않아서 복음서 전체에 대한 해설서를 작성한다. 《복음사가들의 일치》

라는 작품인데, 마태복음을 중심으로 복음서 전체를 조화시켜 해설한 책이다. 이러한 작업이 이후 아우구스티누스의 성경 해석과 설교에 큰 영향을 끼쳤음은 두말할 나위가 없다. 좋은 주석을 보는 것도 복음서 연구에 물론 도움이 되지만, 조직신학의 기독론 부분과 함께 연구한다면 효과는 배가 된다.

둘째로, 신약성경에 나오는 베드로나 바울의 설교를 연구하여 그리스도 중심적 설교를 배울 수 있다. 다드(C. H. Dodd)는 사도행전에 나오는 베드로의 첫 네 편의 설교가 초대교회 선포(케리그마)의 포괄적인 전망을 제시한다고 주장했다. 특히 그는 베드로의 설교가 강조하는 메시지는 예수 그리스도의 사역과 죽음과 부활 및 성령을 보내심을 통해서 구약이 성취되었다는 사실이라고 지적한다.[8] 그 외에도, 구약성경을 인용하는 신약의 구절들을 연구할 필요가 있다. 신약성경의 저자들이 구약을 어떻게 인용하고 있는지 잘 관찰하면 그것에 근거하여 다른 본문들에서도 구약과 신약을 연결지어 해석할 수 있기 때문이다. 그러면서 구약의 예언이 그리스도 안에서 어떻게 성취되었는지를 살필 수 있다.

셋째로, 그리스도를 중심으로 성경을 지속적으로 묵상하는 것이다. 교부 아타나시우스(Athanasius)에게 주석의 목표는 성경에서 그리스도를 찾아 경배하는 것이었다. 존 오웬(John Owen)은 그리스도가 사실상 성경의 모든 페이지에서 발견되기 때문에 신자들은 성경 속에 기록된 그리스도의 인격과 사역에 대한 모든 것을 전력을 다해 숙고해야 한다고 가르쳤다.[10] 설교자가 그리스도 중심으로 성경을 묵상하고 연구하다 보면, 어느새 그리스도 중심의 설교를 전할 수 있게 될 것이다.

넷째로, 그리스도의 인격과 사역, 그리고 직분을 세심히 연구할 필요가 있다. 찰스 스펄전은 "언제 어디서나 그리스도를 설교하라. 그는 복음의 전부이시며, 그의 인격과 직분들, 그리고 그의 사역만이 우리의 유일하고도 위대하며 모든 것을 포괄하는 주제이어야 한다"라고 말했다.[11] 하나의 구약 본문이 주어지면 그 본문에서 나타나는 인물과 그리스도의 인격 사이의 연결성을 찾을 수 있다. 이때는 성품을 비교하거나 대조할 수 있다. 또한 그 본문의 인물이 지닌 직분과 그리스도의 직분을 비교할 수 있다. 마지막으로 그 본문에 나오는 인물이 행한 사역과 그리스도께서 행한 사역이 지닌 연결성을 찾을 수도 있다.

바로 네 번째 측면에서 그리스도 중심적 설교와 교리의 연결성이 나타난다. 교리는 그리스도의 인격과 직분과 사역을 매우 잘 가르치고 있기 때문이다. 이제부터 구약 본문을 그리스도 중심적으로 해석하고 적용하는 데 있어, 교리가 가르치는 기독론을 활용하는 예들을 살펴보겠다.

● 교리교육서가 가르치는 기독론과 그리스도 중심적 설교

첫째, 대표적 교리교육서들은 예수 그리스도의 인격과 사역을 '중보자'라는 개념 속에서 설명한다.[12] 벨직 신앙고백서 17항은 인간이 죄를 지어 하나님의 임재로부터 도망칠 때, 하나님께서 뱀의 머리를 상하게 할 하나님의 아들을 주시겠다고 약속하셨음을 가르친다. 하이델베르크 요리문답 제17문답은 중보자를 하나님의 진노의 무게를 짊어지신 분이시며 우리를 위해 의와 생명을 얻어 우리를 회복시킨 분으로 소개한다. 제2 스위스 신앙고백서 5장에 따르면, 중보자는 우리의 기도를 들으시는 분이시며, 환난 날에 우리를 건지실 분이시다(시 50:15).

따라서 설교자는 구약 본문에 나타나는 하나님 백성의 구원자를 예수 그리스도를 보여 주는 그림자로 해석해야 한다. 모세, 여호수아, 다윗의 구원 행동 속에서 그리스도는 예표적으로 제시되었다. '예표'란 구약의 인물, 사건, 기물, 제도가 그리스도와 그분의 구원을 앞서 보여 주는 것을 뜻한다. 사무엘상 17장에서 다윗이 골리앗을 쳐서 죽이는 장면을 설교하는 설교자가 단지 다윗의 용기만을 부각한다면, 알레고리적 도덕주의에 그치게 된다. 하지만 벨직 신앙고백서 17항을 이해하는 설교자는 한 사람의 구원자로 인해 수많은 사람들이 구원받는 구조를 구원역사 속에서 발견하여 제시하고, 그 완성이신 그리스도를 보여 줌으로써 그리스도 중심적 설교에 좀 더 다가갈 수 있다. 창세기 32장에서 야곱이 얍복 강가에서 천사와 씨름하는 장면을 다루면서 언약의 하나님께 진정성을 가지고 끈질기게 매달리는 야곱만 강조하는 설교자는 도덕주의에 그치게 된다. 하지만 하이델베르크 요리문답 제17문답과 제2 스위스 신앙고백서 5장을 이해하는 설교자는 좀 더 나아갈 수 있다. 그리하여 창세기 32장에서 그리스도께서 천사의 모습으로 나타나셔서 야곱에게 은혜로 져 주셨음을 설명할 수 있다. 더 나아가 야곱에게 그런 은혜를 베푸신 그리스도는 겟세마네 동산과 십자가에서 하나님의 진노의 무게를 견뎌 내실 것이기에 그런 은혜를 베푸실 수 있었음을 설명할 수 있다.

둘째, 개혁주의 교리교육서들은 그리스도의 '세 직분'을 중요하게 다룬다. 하이델베르크 요리문답 제31문답은 '그리스도'라는 이름의 의미는 하나님의 뜻을 우리에게 온전히 계시하시는 큰 '선지자'와 선생, 자신을 하나님께 바친 희생 제물이자 우리를 위해 하나님 아버지께 항상 간구하시는 '대제사장', 우리를 말씀과 성령으로 다스리시고 보호하시고 보존하시는 영원한 '왕'을 뜻한다고 설명한다. 웨스트민스터 대요리문답 제42문답은 그리스도께서 낮아지시고 높아지신 상태에서 교회를 위한 선지자, 제사장, 왕의 직무를 수행하신다고 가르친다. 웨스트민스터 신앙고백서 8장은 그리스도의 이러한 세 직분은 하나님의 영원한 목적 안에 있는 하나님의 기쁘신 뜻 가운데 주어졌음을 지적한다.

이러한 교리를 잘 숙지한 설교자는 히브리서 기자처럼 구약의 대제사장보다 더욱 큰 대제사장이신 예수 그리스도를 설교할 수 있다(히 4:14). 그리스도는 구약의 대제사장들보다 우리의 연약함을 더 깊이 동정하시는 분이시지만, 죄가 없으시고 더욱 은혜로우시다(히 4:15-16). 따라서 설교자는 구약의 제의 본문들을 해석할 때에 온전한 제물이자 더욱 큰 대제사장이신 그리스도를 지시할 수 있다.

이런 맥락에서 아우구스티누스는 시편 86편을 해석했다. 그는 "그리스도께서 우리의 제사장으로서 우리를 위해 기도하시고, 우리의 머리로서 우리 안에서 기도하시며, 우리의 하나님으로서 우리의 기도를 들으십니다"라고 설교했다.[13] 시편 22편 1절의 "내 하나님이여 내 하나님이여 어찌 나를 버리셨나이까"라는 구절을 강해할 때, 아우구스티누스는 그리스도께서 다윗왕의 입술을 통하여 '머리'이신 분이 '몸'을 대신해 인간의 비통에 찬 부르짖음을 내뱉고 계심을 통찰했다.[14] 그리고 우리가 그리스도의 노래인 시편을 진정으로 부를 수 있으려면 그리스도의 십자가를 통과해야 하고, 그의 몸 된 교회를 위해서 그리스도의 남은 고난을 채워야 한다고 주장했다. 이렇게 하여 아우구스티누스는 그리스도께서 구약의 제사장, 선지자, 왕 안에서 이미 활동하고 계셨음을 지적하면서도, 신약의 그리스도의 사역을 통해서 완성되었음을 가르쳤다.

마지막으로 한 가지 주의사항을 덧붙이며 글을 맺고자 한다. 그리스도 중심적 교리 설교의 위험성 중에 하나는 그리스도에 대한 교리는 가르치지만, 그리스도와 인격적인 사귐으로 이끌지 못할 수 있다는 점이다.[15] 이를 극복하는 방법은 한 가지뿐이다. 설교자 자신이 그리스도와의 지속적인 교제 속에서 살아가는 것이다. 교부와 종교개혁자들은, 설교자가 살아 낸 만큼 주석할 수 있고 설교할 수 있다고 가르쳤다. 그리스도 중심적 교리 설교를 할 수 있으려면 그리스도 중심적 삶을 살아야 한다. 새뮤얼 힐(Samuel Peyton Hill)은 그리스도 중심적 설교 방법론과 그에 대한 개인적 실천까지를 "그리스도 중심적 설교 본능"이라고 불렀다.[16] 과연 팀 켈러는 그러한 본능에 충실했다.

역사 속 교리 설교자 1

아우구스티누스

(Augustinus, 354-430)

북아프리카의 히포에서 활동한 기독교 최고의 교부이자 신학자.
그의 수많은 저작은 하나같이 정통 신앙의 교리 위에서 작성되었다.

> "올라가고 싶습니까? 그렇다면 밑에서부터 시작하십시오.
> 성덕이라는 건물을 높이 쌓아 올리고 싶습니까?
> 그렇다면 겸손이라는 기초를 먼저 닦으십시오." _《설교》에서_

● 아우구스티누스의 생애와 모니카의 꿈

아우구스티누스(Augustinus, 354-430)는 기독교 최고의 교부라고 불린다. 독일의 교회사가 아돌프 폰 하르낙(Adolf von Harnack)은 사도 바울과 루터 사이 기독교회 안에서 아우구스티누스만큼 포괄적인 영향을 끼친 사람은 없다고 주장하였다.[1] 아우구스티누스의 사상은 매우 폭넓고 깊다. 그런데 그의 신학은 그의 인생 경험과 깊은 관련성을 가지면서 전개된 것이 특징이다. 신학자들 가운데 아우구스티누스만큼 그 생애와 사상이 밀접하게 연결되어 있는 사람은 드물 것이다. 그의 신학은 그의 회심과 이후의 인생 여정 및 사역과 깊이 관련되어 있다. 루터의 경우와 마찬가지로 아우구스티누스 역시 삶의 궤적이 곳곳에 배어 있는 신학을 전개했다. 아우구스티누스는 젊을 때 네 가지를 추구했다.[2] 성(性), 명예, 지식(수사학, 철학), 종교(마니교)였다. 그러나 그는 그런 것으로 인생이 만족스러울 수 없다는 것을 깨닫게 되었다. "주를 향하도록 우리 영혼을 지으셨으니, 주님 안에서

안식하기까지 내 영혼 쉬지를 못하나이다"《고백록》1.1)라고 적었
듯이, 그의 영혼은 오직 주님 안에서만 안식을 얻을 수 있었다.

지적으로 그리고 영적으로 방황하던 아우구스티누스가 회심
하게 된 계기는 여러 가지가 있지만, 그중에 어머니 모니카의
기도를 빼놓을 수 없다. 모니카는 아들의 회심을 위해 간절한
눈물로 매일 기도했다. 훗날 아우구스티누스는 그 눈물이 참척
(慘慽)의 고통을 당한 어머니의 눈물 못지않았다고 적었다. 한 번
은 모니카가 꿈을 꾸었는데, 자기가 나무로 된 잣대 위에 서서
슬퍼하고 있었다. 그때 눈부시게 환한 젊은이가 크게 미소 지으
면서 다가왔다. 젊은이는 왜 날마다 슬퍼하며 우냐고 모니카에
게 물었다. 모니카는 아들의 멸망을 두고 울고 있노라고 말했
다. 그러자 젊은이는 안심하라면서 모니카가 있는 그곳에 아들
아우구스티누스도 있음을 눈여겨보라고 했다. 정말 모니카가
정신을 차리니 같은 잣대 위에 자신과 아들이 나란히 서 있는
모습이 보였다《고백록》3.11.19). 이렇게 모니카는 아들의 회심에
대한 꿈을 미리 꾸게 된 것이다. 흥미롭게도 이 이야기에서 '잣
대'라고 번역된 라틴어 단어는 '레굴라'(regula)이다. 그것은 초대
교회에서 신조를 뜻하는 '신앙의 규칙'(regula fidei)에 들어가는 라
틴어 단어다. 따라서 아우구스티누스가 어머니 모니카와 동일
한 잣대 위에 서 있게 됐다는 것은 그 역시 정통 신앙을 받아들
이고 신자가 되었음을 뜻한다. 이 꿈 이야기가 사실인지 아닌지

확인할 길은 없다. 하지만 분명한 것은 이 이야기를 전달하는 아우구스티누스에게, 신앙을 가짐은 곧 교회가 고백하는 신앙의 규칙인 신조 위에 서는 것을 뜻한다는 사실이다.

● 설교자 아우구스티누스

아우구스티누스는 도합 5백만 단어에 육박하는 수많은 저작을 남겼다. 지금까지 남아 있는 그의 책은 약 117권 이상이며, 그의 설교 수천 편 가운데 약 562편 가량이 지금까지 전해진다.[3] 그의 작품이 이렇게 많다 보니 세빌라의 이시도루스(Isidorus, 약 560-636)는 "누군가가 아우구스티누스의 작품을 모두 다 읽었다고 말하면 그는 거짓말쟁이다"라는 말을 남겼을 정도였다.[4]

아우구스티누스는 기독교 신학자, 기독교 철학자로 우리에게 알려져 있다. 하지만 우리는 그가 히포 레기우스에서 391년부터 430년에 세상을 떠날 때까지 목회자로 살면서 교회를 섬겼음을 기억해야 한다. 394년 발레리우스(Valerius) 주교의 후임자로 서임된 그는 히포에서 본당 사제였을 뿐 아니라, 수도원도 운영했다. 그는 매주 2회씩 설교하고, 새신자들을 교육하고, 세례를 베풀고, 성찬을 집례했으며, 수많은 사람들을 목양했다. 그는 지역교회의 목자(牧者)로서 기본적인 목회 사역 외에도, 많은 사람들을 구제하고, 민사 재판에서 분쟁을 조정하고, 마니교나 도나투스파나 펠라기우스파와 같은 이단들과 논쟁했으며, 교회 회의들에 참석하여 자신의 의견을 개진했다.[5] 그러다 보니 그의 많은 작품들은 하나같이 정통 신앙의 교리 위에 작성되었다. 특히 아우구스티누스는 젊은 시절 거의 10년간 마니교라는 이단에 몸담고 있었기에, 회심 이후에 교리적 엄밀성을 더욱 추구했다.

● 설교의 일반적 특징

아우구스티누스가 목회자로 서품받았을 때에 그는 목회자를 "백성에게 성례와 하나님의 말씀을 집례하는 사람"으로 정의 내렸다(《편지》21.3).[6] 4년 뒤에 그가 감독으로 수임될 무렵에 그는 "진리를 말하는 것이 얼마나 힘든 일인가"를 강조했다(《편지》29.7). 히포의 주교로서 그는 설교자와 그 직무에 대해 두 가지를 강조하여 가르쳤다. 첫째, 설교자는 자신이 아니라 하나님의 말씀의 사역자이며, 우리 주님의 말씀의 사역자이다(《설교》114.1).[7] 둘째, 설교자의 임무는 아래와 같이 8가지다(《기독교의 가르침》4.4.6).[8] (1) 거룩한 말씀을 해석하고 설교한다. (2) 올바른 신앙을 수호한다. (3) 선한 것은 모두 가르친다. (4) 악한 것은 아무것도 가르치지 않는다. (5) 진리에 적대적인 사람들을 설득하여 이기고자 노력한다. (6) 생각 없는 사람들에게 자극을 준다. (7) 무지한 사람들에게 어떤 일이 일어나고 있는지를 알려 준다. (8) 사람들이 무엇을 소망해야 하는지 각인시킨다.

아우구스티누스는 거의 40년 정도 매주 토요일과 주일에 설교를 전했다. 그가 설교에 대해 비유한 표현들을 보면 그가 설교와 설교자에 대해 어떻게 생각했는지 알 수 있다.[9] 그는 설교의 말씀은 성도들에게 음식을 나르는 접시와 같다고 했다(339.4). 설교자는 성도들을 섬기는 웨이터로서 그들과 같은 식탁에서 식사를 한다(260D.2; 296.5, 13). 설교자는 절대 집주인이 아니다. 오히려 접시를 놓는 사람인데, 접시를 놓으면 하나님께서 빵을 그 접시 위에 올려 주신다(126.8). 예수님이 가정의 머리가 되신다. 설교자는 집의 하인이다(90.3-4).

또한 설교자는 의사이다. 물론 설교자 자신이 환자이기도 하다. 그러나 그리스도께서 치유를 베풀어 주신다(9.4; 10.11). 아우구스티누스의 설교론에서 '설교자가 의사'라는 이미지는 매우 중요하다. 의사 및 치료라는 주제는 고대 교부들의 신학과 설교론에 아주 광범위하게 들어있다. 아우구스티누스도 그 점에 있어서 예외가 아니다. 설교는 사람의 영혼을 치료한다. 그리고 치료받은 사람은 사회에 선한 영향을 끼치게 된다.[10] 설교자는 상거래의 중간상인이라고 할 수도 있는데, 그때 설교자는 자기 자신을 사용하여 그 거래가 성사되도록 한다. 사실 이런 표현들은 언약적 표현들임을 기억해야 한다. 이런 언약적 관계 속에서 설교자 자신은 그리스도를 닮아 가는 매우 부족한 자이므로 겸손해야 한다고 아우구스티누스는 지적한다(37.20).

설교자들은 가수들이기도 하고, 악기를 연주하는 자들이기도 하다. 그들의 하프나 기타(lute)는 십계명이며, 그들의 새 노래는 하나님께서 직접 작사, 작곡하신 곡이다(9.5-6). 설교자는 회중을 형성하는 자이다. 이것은 마치 토기장이의 가마와 같다. 고난의 화덕이 성도들을 빚어내듯이 설교자는 말씀으로 성도들을 빚어낸다. 하나님께서는 토기장이시다(256.3). 설교자는 매와 회초리를 든 선생이라기보다는 아버지와 같다(213.11). 아버지라는 점에서 그들은 아들이나 형제가 아니다(255A.1). 설교자와 청중 모두 오직 그리스도께서 스승이 되시는 학교에 다니는 자들이다(270.1; 298.5; 261.2; 278.11). 아우구스티누스는 우리의 내적 스승은 그리스도라고 주장했다(《교사론》, 14.46).[11]

설교자는 하나님의 창고에서 하나님의 선물을 가져오므로, 그들은 주님의 자본을 나눠 주는 자들이지 절대 그것을 모으는 자들이 아니다(319A; 229E.4). 주님의 자본이기 때문이다. 그래서 아우구스티누스는 자신이 보다 더 풍성하게 성도들에게 베풀지 못해서 늘 성도들에게 빚을 지는 심정이라 고백한다(260D.2).

하나님은 설교자는 아니지만 매우 관대하게 베풀어 주시는 분이시다(259.6). 그리스도는 내적 스승이시다. 말들이 귀에 닿지만 오직 내적 스승만이 마음을 조명하실 수 있다(Jo. ev. tr. 26.7). 설교는 읽을 줄 모르는 사람들에게 책이 된다(s. 227). 모세와 엘리야는 물을 담는 그릇에 불과하고 오직 주님만이 샘이 되신다

(78.4). 설교는 사람들을 꾸짖고 올바르게 지도하는 유쾌하지 못한 사역을 반영하는 거울이기도 하다(82.15). 마지막으로, 아우구스티누스는 "복음의 설교자들은 주님의 발이 된다"라고 말하는데, 이는 이사야 52장 7절을 반영한 설명이다(99.13).

아우구스티누스의 설교론에 따르면, 설교자의 임무는 "성도들이 자신의 삶을 성경의 언어로 설명할 수 있도록 도와주는 일"이다.[12] 그렇게 하기 위해서는 설교자 본인이 자신의 삶을 말씀으로 채워야 한다. 말씀의 세계를 실제로 경험하는 자만이 올바르게 전할 수 있다. 아우구스티누스는 설교자 자신이 경험한 성경의 실재성을 나눠야 청중이 하나님의 진리를 배울 수 있다고 믿었다.[13] 그는 성경의 핵심을 믿음, 소망, 사랑이라고 여겼다. 따라서 어떤 성경 구절을 해설할 때에 이 삼주덕(三主德)을 강조하길 원했다. 심지어 그는 주석이 좀 틀리더라도 하나님 사랑과 이웃 사랑을 더 증진시켰다면 좋은 설교라고 생각할 정도였다.

아우구스티누스 설교의 또 다른 특징은 '마음'을 강조한다는 사실이다. 그는 "나의 중심은 곧 나의 사랑"이라고 말했다(《고백록》, 13.10). 사람은 자기가 사랑하는 것을 향해 마음의 무게가 이끌려 간다는 의미이다. 그는 "바로 너의 욕망이 곧 너의 기도이다"라고 생각했다(《시편강해》, 37.14). 아무리 입으로 거룩한 기도를 하더라도 마음속의 욕망이 사실상 자신이 기도하는 내용을 보여 준다. 욕망은 거짓말을 할 줄 모른다. 따라서 설교자는 무엇보다 성도의 마음에 호소하는 설교를 해야 한다. 마음이 바뀌면 욕망이 바뀌고, 욕망이 바뀌면 삶이 따라온다.

● 교리 설교의 특징

아우구스티누스의 설교는 형식과 상관없이 항상 성경의 핵심 교리들을 담고 있었다. 그는 여러 교리 설교들을 남겼는데, 그의 교리 설교들은 변증적 요소를 지녔다. 예를 들어, 그는 설교 240-243번에서 육체의 부활을 거부하는 플라톤주의를 비판하기 위해서 자신의 《신국론》 제22권을 네 번에 나눠서 설교한 적이 있다. 이 설교들은 《신국론》의 복잡한 표현을 쉽게 고치면서도 그의 신학적 추론이 가지는 설득력과 변증적 의도를 잘 살려 내고 있다. 다른 예로, 설교 52번은 아우구스티누스의 《삼위일체론》을 23개의 항목으로 나눠서 보다 쉽게 다루고 있다.

아우구스티누스의 교리 설교는 때때로 윤리적 문제를 직접 다루기도 한다. 당시 로마 사회는 여성들의 사회적 지위가 아주 낮았으며, 여성을 폄하하는 분위기가 만연했다. 성(性)을 부부 사이로 제한하기보다 혼외 성관계는 얼마든지 가능한 것으로 인정하는 사회 분위기였다. 그러나 아우구스티누스의 설교 9번은 그런 사회 분위기를 비판하면서, 여성의 사회적 지위를 강하게 긍정하는 내용을 담고 있다. 또한, 설교 13.8은 사형 제도를 통렬하게 반대한다. 사형은 회개할 기회를 앗아가 버리기 때문이다. 아우구스티누스는 모든 그리스도인들에게 미치는 하나님의 희망을 십자가 한편에 있던 강도를 언급하며 강조하기도 했다(232.5-6; 236A.4; 285.2; 327.2; 328.1, 7; 335C.12).

아우구스티누스의 교리 설교는 아래와 같은 특징이 있다. 첫째, 하나님의 사랑과 자비를 강조한다. 아우구스티누스는 사랑의 신학자이다. 에티엔느 질송(Etienne Gilson)은 어떤 학설이 사랑을 중심으로 조직될수록 더욱 아우구스티누스적이 된다고 말하였다.[14] 그의 교리 설교 역시 하나님의 사랑이 곳곳에서 강조된다. 둘째, 그리스도의 겸손과 순종의 사역을 강조한다. 아우구스티누스는 아담의 죄가 교만에서부터 나왔기에, 그에 대한 근원적 처방은 둘째 아담의 겸손에서 나온다고 보았다. 아우구스티누스의 교리 설교는 그리스도의 겸손과 순종을 배우도록 자주 권면한다. 특히 그리스도의 용서하시는 은혜를 강조한다. 셋째, 교회를 통해 하나님의 은혜와 사랑이 모든 사람에게 퍼져 나가야 한다고 강조한다. 이것을 아우구스티누스는 '전체 그리스도'(totus Christus) 사상으로 강조했다.[15] 전체 그리스도 사상의 핵심은 모든 그리스도인이 그리스도의 지체이기에 신자를 사랑하는 것은 그리스도를 사랑하는 것이 되며, 더 나아가 모든 사람을 그리스도를 통해서 사랑해야 하기에 이웃을 사랑하는 것은 그리스도를 사랑하는 것이 된다는 원리다. 한나 아렌트

(Hannah Arendt)는 아우구스티누스에게 있어서 "사랑의 완수는 하나님의 은혜에 달려 있고, 자신의 이웃을 사랑하는 능력은 하나님의 사랑에 달려 있다"고 결론 내린다.[16] 이처럼, 은혜와 사랑의 신학자 아우구스티누스의 교리 설교는 은혜와 사랑으로 가득 차 있었다.

토머스 굿윈

(Thomas Goodwin, 1600-1680)

영국 청교도 신학자이며 그리스도를 전파한 설교자.
굿윈의 설교는 매 페이지마다 그리스도와 그의 복음으로 가득 차 있다.

> "만일 그리스도께서 하나님의 아들이시며 만유의 후사가 되신다면,
> 그분이 하나님의 가장 탁월한 피조물의 머리
> 곧 하나님의 가족의 머리가 되시는 것은 당연한 일입니다."
> _에베소서 1장 10절 설교에서

● 청교도 설교자 토머스 굿윈의 생애

청교도의 설교는 성경 주해와 교리 해설, 그리고 적용이 균형을 갖추었다. 365명이 넘는 청교도들 가운데 가장 영향력이 컸던 설교자 중 하나가 토머스 굿윈(Thomas Goodwin, 1600-1680)이다.[1] 굿윈은 1600년 10월 5일에 태어났다.[2] 그의 고향은 정부의 박해에 청교도적 저항이 거셌던 롤스비였다. 굿윈의 부모 리처드와 캐서린은 굿윈이 목사가 되기를 원했다. 그들은 자신들이 직접 모범적인 삶을 보여 줄 뿐 아니라, 아들에게 훌륭한 교육을 제공하며 그를 적극적으로 지원했다. 굿윈은 6세 때 이미 성령을 체험했다. 그는 13세에 '청교도의 요람'이라 불리던 케임브리지 대학의 크라이스트 칼리지에 입학했다. 그가 대학에 입학했을 때 케임브리지 신학자 윌리엄 퍼킨스(William Perkins)는 이미 죽었지만 리처드 십스가 트리니티 교회에서 정기적으로 설교하고 있었다.

14세 되던 해에 굿윈의 영적인 여정에서 중요한 사건이 발생

한다. 그는 성만찬에 참여하기를 원했다. 하지만 그의 지도 교사였던 윌리엄 파워는 아직 어린 나이와 영적인 미성숙을 이유로 성찬 참여를 만류했다. 안타깝게도 굿윈은 이 사건 때문에 영적으로 깊은 침체에 빠졌다. 그는 더 이상 십스의 설교와 강의를 듣지 않았다. 이제 통속적 설교자가 되기로 결심했기 때문이다. 그리고 점차 아르미니우스파로 기울어졌다. 1616년 굿윈은 크라이스트 칼리지를 졸업하고 학사학위를 받았다. 1619년에 그는 케임브리지의 캐서린 홀에서 계속 학업을 이어 갔고, 그 이듬해에 석사학위를 받았다. 그는 강사가 되었는데, 동료 강사들은 나중에 굿윈과 함께 웨스트민스터 총회에 참석할 존 애로우스미스(John Arrowsmith), 윌리엄 스퍼스토(William Spurstowe), 윌리엄 스트롱(William Strong)이었다.

굿윈은 주변에서 계속 청교도들의 영향을 받게 되었으나 성찬식이 찾아오면 옛날 기억 때문에 힘들어 하곤 했다. 하지만 리처드 십스의 설교와 존 프레스톤(John Preston, 1587-1625)의 설교는 그에게 지속적인 감화를 주었다. 그는 결국 회심했으니 그때가 1620년 10월 2일이었다(20세 생일 직후). 회심 이후부터 굿윈은 퍼킨스, 폴 베인스(Paul Baynes, 약 1573-1617), 십스, 프레스톤의 신학을 적극적으로 수용한다. 그의 설교 스타일은 언어만 조탁하는 성공회식 설교가 아니라 영적인 감화가 녹아 있는, 진정성 있고 경험적이며 목회적인 설교였다. 회심 이후에도 1620년부터 1627년까지 굿윈은 신앙의 개인적 확신을 추구하였다. 한때 믿음이 있는 줄 알았지만, 오랜 침체를 경험한 이후에야 진정한 믿음을 갖게 된 굿윈은 자신의 경험 때문에 일평생 믿음이란 주제로 씨름했다.[3]

1625년에 굿윈은 설교자 자격을 획득했다. 그는 1628년에 27세의 나이로 트리니티 교회의 강사가 되었고, 1632-34년에는 그 교회의 교구목사로 사역했다. 하지만 그는 대주교 윌리엄 로드(William Laud)의 '일치 조항'(articles of conformity)을 거부했기에 그 자리에서 물러나야 했다. 그는 케임브리지를 떠났다. 1630년대 중반에 굿윈은 존 코튼(John Cotton)의 영향을 많이 받아서 교회론에 있어서 회중교회주의를 택하게 되었다.

굿윈은 1634년부터 1639년 사이에 런던의 회중교회에서 설교자로 봉직했다. 네덜란드 아른험으로 피신해 그곳에서 사역하기도 했다. 그때 굿윈은 네덜란드의 '더 진전한 종교개혁'(Nadere Reformatie)의 내용이 자신의 신학과 유사함을 깨닫게 되었다.[4] 비록 영국의 청교도와 네덜란드의 '더 진전한 종교개혁'에서 회중교회주의는 소수였지만 굿윈은 그것을 계속 추구했다. 나중에 웨스트민스터 총회에서도 굿윈은 회중교회주의를 집요하게 주장했다.[5] 그는 필립 나이(Philip Nye), 시드락 심슨(Sydrach Simpson), 윌리엄 브리지(William Bridge), 제러마이어 버로우스(Jeremiah Burroughs)와 함께 5명의 '비국교도 형제들'이라고 불렸다. 굿윈은 웨스트민스터 총회에서 가장 대표적인 5대 발언자들 가운데 들어간다.

1650년에 굿윈은 옥스퍼드 모들린(Magdalene) 칼리지의 학장이 되었다. 그리고 호국경 크롬웰(Cromwell)의 가까운 조언자가 되었다. 굿윈의 첫 번째 아내는 1640년대에 세상을 떠났다. 그는 1649년에 재혼하였는데 당시 그의 나이는 49세였고, 아내인 메리 해먼드는 17세였다. 이들 부부는 2남 2녀를 두었으나 아들 하나만 청년기를 넘어서 생존했다. 그의 이름도 토머스 굿윈이었는데, 아버지의 작품을 정리하여 출간하는 일을 했다.

1653년, 굿윈은 옥스퍼드대학에서 신학 박사학위를 받았다. 1658년 9월 3일에 크롬웰이 세상을 떠나기 전까지 그는 옥스퍼드대학의 신학부와 목회자 배출을 관장하는 사람이 되었다. 크롬웰 사후 얼마 지나지 않은 1658년 9월 29일에 굿윈은 오웬, 필립 나이, 윌리엄 브리지, 조셉 카릴(Joseph Caryl), 윌리엄 그린힐(William Greenhill)과 더불어 '사보이 선언'(Savoy Declaration of Faith and Order)을 발표했는데, 이것은 웨스트민스터 신앙고백서를 회중교회주의에 맞추어 수정하고 각 내용들을 신학적으로 더욱 분명하게 표현한 선언문이다.[6] 사보이 선언문 작성에 굿윈은 오웬과 함께 가장 큰 영향력을 미쳤다. 1660년에 찰스 2세가 즉위하고 청교도의 영향력이 감퇴하자, 굿윈은 옥스퍼드를 떠나 런던으로 가서 교회를 새롭게 세웠다. 찰스 2세는 엄격한 일치 시행

령을 공표했다. 그럼에도 굿윈은 1680년 2월 23일, 런던에서 세상을 떠날 때까지 계속 설교하고 저술하고 목회했다. 그는 죽을 때까지 그리스도의 설교자였다.

토머스 굿윈의 많은 작품은 설교로 이루어져 있는데, 너무나 탁월하여 지금까지도 널리 사랑을 받으며 계속 읽히고 있다. 어떤 저서는 47쇄를 넘기기도 했다. 가장 신뢰할 만한 전집은 1681-1704년에 나온 전집이다.[7] 이후 1861-1866년에 다시 전집이 편집되어 나왔는데 앞서 출간된 전집보다는 신뢰도가 좀 떨어지지만 더욱 많이 보급되어 있다. 설교에서 드러나는 굿윈의 성경주해 실력은 타의추종을 불허할 정도이다. 오웬의 주석이 더욱 세부적이고 철저하다는 평가가 있지만, 제임스 패커 (James Packer)가 말하듯이 굿윈은 더욱 깊이가 있다.[8]

굿윈의 설교들이 가지는 중요한 특징은 기독론 및 성령론이 설교에 풍성하게 드러나면서 진행된다는 점이다. 굿윈의 저서들 가운데 기독론을 본격적으로 다룬 작품은 《중보자 그리스도》[9]이며, 성령론과 관련하여 가장 중요한 작품은 《성령의 사역》이다.[10] 특히 그의 대작인 《믿음의 본질》은 그의 신학의 깊이와 너비가 총체적으로 잘 드러나 있다.[11]

● 설교와 설교자에 대한 굿윈의 이해

청교도들은 개인이 혼자서 묵상하는 말씀에서도 하나님의 은혜가 임하지만, 그보다 설교자들의 설교를 통해서 하나님의 은혜가 더욱 분명하게 임한다고 보았다. 그렇기에 청교도들이 은혜의 방편에서 생각했던 '말씀'은 바로 정식으로 임명받은 설교자를 통해 공적 예배 시간에 선포되는 말씀을 뜻했다. 청교도들은 설교를 매우 중요하게 여겼다. 청교도들의 시대는 설교의 황금 시대였다. 청교도들의 작품들 가운데 오늘날 여전히 가장 많이 읽히는 것은 그들의 설교들이다. 청교도들은 정말 목숨을 걸고 설교한 사람들이다. 국교회의 온갖 핍박 속에서도 그들은 설교했다. 청교도 토머스 홀(Thomas Hall, 1610-1665)은 "목사는 설교자가 되어야 한다. 목사는 설교할 수 있을 뿐만 아니라 설교하지 않으면 안 된다. 그렇게 하지 않으면 반드시 화가 있다(고전 9:16). 목사는 설교하든지 아니면 멸망하든지 해야 한다"라고 말했다.[12] 굿윈 역시 설교직을 매우 존엄하게 여겼다. 그는 이렇게 말할 정도였다. "하나님은 세상에 오직 한 아들을 갖고 계시는데, 그분을 목사로 삼으셨다."[13] 청교도들의 설교는 국교도들의 설교와 매우 달랐다. 국교도들의 설교는 내용보다는 수사학에 집중했다. 그들은 미사여구를 사용하길 좋아했다. 하지만 청교도들은 단순하게 설교하면서도 복음의 정수를 전하길 원했다. 그들은 인간의 지성과 양심과 마음에 하나님의 말씀을 전하는 설교자들이었다.[14] 굿윈은 청교도 존 프레스톤의 영향을 받아서 '단순한 설교'(plain style) 스타일을 추구했다.[15] 그는 화려한 미사여구보다는 그리스도와 그의 복음을 온전히 드러내는 설교를 추구했다.[16]

● 굿윈의 설교가 지니는 특징

굿윈의 설교는 청교도들이 일반적으로 가졌던 설교적 특징을 드러내면서도 약간씩 변주를 주었다. 일반적으로 청교도들의 설교는 본문 '강해'(exegesis)와 '교리'(doctrine) 제시와 '적용'(use) 으로 이뤄지는 경우가 많았다.[17] '강해'는 본문을 자세히 설명하는 것이다. 이때 그들은 관련된 성경 구절과 성경 사건들을 서로 연결시키면서 해설한다. '교리'는 본문에서 도출되는 핵심 가르침들을 모두 말한다. 이때 말하는 '교리'는 어떤 신앙고백문이나 신조에 나오는 교리를 말하는 것이 아니라, 넓은 의미의 교리(doctrina), 말 그대로 성경의 가르침 전체를 뜻한다. 설교자는 여러 가르침들 중에서 본문에 나오는 중요한 가르침들을 다른 교리들과 연결 지어 설명한다. '적용'은 구체적으로 본문을 어떻게 삶에 적용할지를 설명하는 것이다. 특별히 그들은 적용을 매우 중요하게 생각했는데, 그들이 믿는 바를 삶에 실제로 적용하여 그것이 경험적으로 맞는지 아닌지 실험해 보기를 정말 원했기 때문이다. 그렇기 때문에 학자들은 청교도들의 신학을 '경험적 신학'(experiential theology) 혹은 '실험적 신학'(experimental theology)이라고 표현한다.

굿윈의 설교적 특징을 가장 잘 드러내는 작품은 에베소서 1장을 주로 설교한 《에베소서 강해》이다.[18] 이 작품 역시 '강해'와 '교리'와 '적용'이 두루 드러난다.

이 작품에서 드러나는 특징은, 첫째로 각각의 절을 깊이 있게 '주해'했다는 점이다. 에베소서 1장만 무려 564쪽에 걸쳐 설교하고 있다. 굿윈은 매 구절을 헬라어에 근거하여 자세히 주해한다. 아울러 관련된 성경구절을 두루 인용한다. 예를 들어 에베소서 1장 3절 한 절을 설명하면서 성경 전체에서 122구절 이상을 인용한다. 때때로 피스카토르(Piscator)나 칼뱅과 같은 다른 주석가가 주해한 내용을 인용하여 다루기도 한다.

《에베소서 강해》의 두 번째 특징은 '묵상'(Meditation) 부분에 있다. 이 부분이 다른 청교도 설교와 비교했을 때에 약간의 변주가 이뤄지는 부분이다. 여기에서 굿윈은 그 절에 나타나는 '교리'와 그에 따른 '적용'을 함께 제시한다. '교리'를 제시할 때에는 청교도의 전형적인 방법론인 '관련 구절 연결과 병치의 기법'(cross-referencing and collation)이 나타난다.[19] 이것은 하나의 교리를 증명하거나 도출할 때에 하나의 구절에만 의존하지 않고, 그 교리와 관련된 신학 개념과 연결된 구절들을 성경 전체에서 찾아 주석하면서 교리적 결론을 내는 기법이다. 그렇게 함으로써 굿윈은 하나의 교리가 가지는 성경적 근거를 분명히 제시하고, 그 교리가 가지는 포괄적 의미를 드러내고 있다.

굿윈 설교의 또 다른 특징은 매우 구체적이고 목회적인 적용이다. 청교도들은 설교를 주해나 교리 제시로만 끝내지 않았다. 그 이유는 그들이 가지고 있는 신학에 관한 견해 때문이다. 탁월한 청교도 윌리엄 에임스(William Ames)는 그의 대표작,《신학의 정수》(The Marrow of Theology)에서 신학이란 "하나님을 향해 사는 것에 대한 가르침"이라고 정의한다. 이처럼 청교도들은 실천을 중요하게 여겼다.

청교도의 설교를 경험적 또는 실험적 설교라고 부른다. 이것은 그리스도인이 자신의 삶 속에서 성경적인 진리를 어떻게 경험하고, 그것을 개인과 가족, 교회와 세계 속에서 어떻게 적용하는지를 다루기 때문이다. 폴 헬름(Paul Helm)은 "경험적 설교를 하는 설교자는 자기 시대의 상황을 충분히 파악해야 하며, 또한 그리스도인들의 실제적 경험과 소망과 두려움에 충분히 공감할 줄 알아야 한다"고 했는데, 청교도들의 설교가 그런 특징들을 매우 잘 드러낸다.[20]

● 그리스도를 전파하는 설교자

청교도 설교의 핵심에는 언제나 그리스도와 그의 복음이 있었다. 청교도 오웬은 그리스도가 사실상 성경의 모든 페이지에서 발견되기 때문에 신자들은 성경 속에 기록된 그리스도의 인격과 사역에 대한 모든 것을 전력을 다해 숙고해야 한다고 가르친다. 그는 "그리스도의 인격과 그리스도의 직무에 대한 계시와 교리는 교회의 교화를 위한 선지자와 사도들의 다른 모든 가르침 위에 있고 모든 문제를 해결하는 기초다"라고 선언하였다.[21]

굿윈도 예외가 아니었다. 그에게 그리스도의 성육신은 "하늘이 땅에 키스를 하신 사건"이다.[22] 그는 그리스도를 '영광의 주'라고 자주 불렀다. 굿윈에게 그리스도는 언약의 그리스도이시다.[23] '하나님의 아들'이시며, '부활의 주님'이신 그리스도는 영원한 언약의 피로서 우리의 구원에 필요한 모든 것을 획득하시고 나눠 주신다.[24] 굿윈의 설교는 매 페이지마다 그리스도와 그의 복음으로 가득 차 있다. 오늘날 우리가 청교도 굿윈의 설교 순서나 그 양식을 그대로 모방할 필요는 없을 것이다. 하지만, 굿윈의 설교에서 뚜렷하게 나타나는 강해적 요소, 교리적 요소, 적용적 요소는 모든 탁월한 설교라면 반드시 갖추어야 한다. 무엇보다 우리의 시선을 오로지 그리스도께로 집중하게 만드는 굿윈의 설교는 세월이 지나도 늘 감동을 준다. 굿윈의 설교를 읽는 사람은 영혼의 자양분을 얻을 것이며, 더욱 풍성한 삶을 갈망하며 그리스도께 더욱 붙어 있게 될 것이다.

역사 속 교리 설교자 3

마르틴 루터
(Martin Luther, 1483-1546)

독일의 종교개혁자이자 매일의 설교자.
설교문 약 2,300편이 남아 있을 정도로 그는 거의 매일 설교했다.

"하나님께서 제 입을 열어 말하게 하셨고, 저를 강력하게 지원해 주셨습니다. 그렇기에 저는 그리스도의 의가 밝게 빛나며 그분의 구원하시는 은총이 등불과 같이 환해질 때까지 설교할 것입니다. 저는 살아 있는 한 설교할 것이며 결코 침묵하지 않겠습니다." 《바이마르 루터 전집》에서

● 설교자 루터

1517년 10월 31일에 종교개혁자 마르틴 루터(Martin Luther, 1483-1546)는 그 유명한 〈95개조 논제〉를 독일 비텐베르크 성곽 교회 정문에 걸었다. 로마 가톨릭 교회의 잘못된 관행을 비판한 그 논제는 삽시간에 유럽 전역으로 퍼져 나갔다. 그와 함께 거대한 교회 개혁의 물결이 밀려오게 되었다. 루터는 교회와 사회 곳곳을 개혁했다. 그의 개혁은 잘못된 것을 무너뜨리는 일과 올바른 것을 다시 세우는 일이 병행되었다. 그렇기에 루터는 건설적인 개혁자였다.[1]

루터는 자신을 무엇보다 설교자로 인식했다. 그는 스스로를 '매일의 설교자'라 불렀다. 실제로 그는 거의 매일 설교했다. 심지어 하루에 여덟 번 설교한 적도 있었다. 그의 설교는 현재까지 약 2,300편이 남아 있다. 루터는 신학적인 글을 쓸 때에는 주로 라틴어로 썼지만, 설교는 독일어로 전했다. 이것은 당시 신학자들의 일반적인 모습이었다. 예를 들어 칼뱅 역시 《기독교

강요》,《성경주석》 등은 라틴어로 썼지만, 설교는 프랑스어로 했다. 교육받지 못한 사람들은 라틴어를 잘 몰랐기 때문이다.

루터는 제자 및 지인들과 나눈 대화를 묶은《탁상담화》에서 훌륭한 설교자의 자질 10가지를 열거한 적이 있다. (1) 체계적으로 가르칠 것, (2) 재치가 있을 것, (3) 말을 잘할 것, (4) 목소리가 좋을 것, (5) 기억력이 좋을 것, (6) 끝낼 때를 알 것, (7) 교리를 확신할 것, (8) 오직 말씀에 사로잡혀 몸과 피와 재물과 명예를 바칠 각오를 할 것, (9) 모든 사람으로부터 받는 조롱을 감내할 것, (10) 설교자의 실수가 가장 쉽고 빠르게 알려질 수 있다는 사실을 참을성 있게 견딜 것.[2] 루터의 조언은 매우 구체적이면서도 적절하다. 그는 설교자의 외적 자질과 내적 성품 모두를 중요하게 여겼다. 특히 설교자가 겪는 유혹과 시련을 집어 언급하는데, 이는 그의 고뇌와 경험이 반영되었다고 볼 수 있다.

루터는 설교자가 하나님의 도구라고 생각하였다.[3] 그는《탁상담화》에서 복음적 설교의 세 가지 조건에 대해 말하였다. 첫째, 율법을 잘 전하여서 인간의 양심이 무너지게 할 것과 둘째, 복음을 잘 전하여서 인간의 양심이 새롭게 세워지게 할 것과 셋째, 말씀의 능력으로 의심스러운 것들로부터 벗어나는 경험과 설교를 접목시킬 것이다. 루터는 이러한 복음적 설교가 선포되면 주님은 곧 뒤따라오신다고 주장하였다.[4] 그는 설교자가 언제나 복음을 전할 것을 명령했다. 그에게 복음적 설교란 곧 그리

스도를 증거하는 설교와 동의어였다.[5]

루터의 학생이었던 알베르트 뷔러(Albert Burer)가 전하는 바에 의하면, 루터는 온화하고 쾌활한 표정과 감미로운 음성으로 설교했는데, 한 번이라도 그의 설교를 들은 이는 계속 듣기를 갈망했다고 한다.[6]

● 설교를 통해 말씀하시는 하나님

설교 역사에서 루터가 가장 크게 기여한 바는 설교에 대한 성경적 이해를 회복시킨 것이다. 그는 설교가 바로 말씀하시는 하나님(Deus loquens)이 나타나시는 사건임을 거듭 강조했다. 설교란 단순한 인간의 말이 아니라 하나님 자신이 설교자를 통해 회중에게 말씀하시는 현장이다.[7]

루터의 이러한 주장은 설교자의 정체성에 대한 고민이 점점 상실되어 가는 시대에 너무나 적실하다. 체스터 페닝턴(Chester Bennington)이 말하듯이 설교자의 자기 정체성은 설교 사역에 매우 중요하다.[8] 설교자가 자신을 어떻게 인식하느냐에 따라 그가 전하는 설교의 내용과 질이 결정되기 때문이다. 설교자가 자신의 설교에 자신감을 잃으면 이는 반드시 설교에 반영된다. 그런 설교자는 사랑이 넘치면서 동시에 권위 있는 하나님의 말씀을 전하는 대신 상투적인 표현으로 오히려 불확실성만 전달하여 사람들을 혼란에 빠뜨릴 수 있다.

교회적 위기에 설교자의 정체성 회복은 더없이 중요하다. 루터는 설교자가 자신에 대한 뚜렷한 정체성을 세우기 위해서는 무엇보다 '하나님 앞에서의 소명 의식'이 중요하다고 보았다. 그는 자신이 불안과 위기에 봉착했을 때 설교자 직분에 대한 하나님의 부르심에서 위로를 얻었다고 고백했다.[9]

"하나님께서 제 입을 열어 말하게 하셨고, 저를 강력하게 지원해 주셨습니다. 그렇기에 저는 그리스도의 의가 밝게 빛나며 그분의 구원하시는 은총이 등불과 같이 환해질 때까지 설교할 것입니다. 저는 살아 있는 한 설교할 것이며 결코 침묵하지 않겠습니다."[10]

루터의 때나 지금이나 하나님의 부르심을 기억하는 것보다 더 심오하게 설교자를 위로할 수 있는 것은 없다. 이 부르심을 망각하는 설교자는 반드시 목회적 정체성의 위기를 겪게 될 것이다.[11]

● **루터의 성경해석**

루터는 교부와 중세의 성경해석을 일부 받아들이면서도 그것을 그리스도 중심적으로 변화시켰다. 초대교회의 오리게네스(Orgenes, 약 185-254)는 인간을 육, 혼, 영으로 삼분한 다음에 이를 성경해석에 적용했다. 그는 문자적 의미를 육적 의미로, 도덕적 의미를 혼적 의미로, 신비적 의미를 영적 의미로 보았다. 요하네스 카시아누스(Johannes Cassianus, 약 360-435)는 오리게네스의 성경해석을 이어받아 '사중적 의미'(quadriga)를 발전시켰다. 이에 따르면 성경해석자는 문자적, 풍유적, 도덕적, 종말론적 의미라는 사중적 의미를 발견할 수 있다. '문자적 해석'은 말 그대로 해당 본문의 문자적이고 역사적인 의미를 뜻한다. '풍유적 의미'는 그 본문을 그리스도와 연결시켜 해석하는 것이다. '도덕적 의미'는 본문이 주는 교훈을 삶에 적용하는 것이다. '종말론적 의미'는 신비적 의미 혹은 추구적 의미라고도 표현할 수 있는데, 본문이 어떻게 궁극적으로 성취될지 설명함으로써 그리스도인의 소망을 드러내는 것이다.[12] 풍유적 의미가 '믿음'에 해당된다면, 도덕적 의미는 '사랑'에 해당되고, 종말론적 의미는 '소망'에 해당된다. 신학 토론은 문자적 의미 차원에서 진행해야 한다. 상징적 의미는 새로운 논변의 토대나 전제로 사용될 수 없기 때문이다.[13]

루터는 중세의 사중적 의미를 인식하고 사용하면서도 문자적 의미를 중시했다. 특히 그는 성경이 '복음의 살아 있는 음성'(viva vox evangelii)임을 분명히 했다. 성경은 성경으로 해석되어야 했다. 왜냐하면 '성경이 그 자신의 해석자'(scriptura sacra sui ipsius interpres)이며, 성경이 성경의 진실성을 스스로 증거하기 때문이다.

성경해석의 중심 원리로 루터는 이신칭의와 그리스도의 십자가를 제시했다. 그는 좋은 나무에서 좋은 열매가 나온다는 비유를 좋아했는데, 그리스도를 믿음으로 의롭게 된 사람은 그에 합당한 선행의 열매를 맺는다는 의미였다. 루터는 인간이 스스로 노력해서 쌓아 올린 의를 능동적 의라고 불렀고, 반대로 그리스도를 믿음으로 받는 의를 수동적 의라고 불렀다. 그리스도인의 의무는 능동적 의의 한계를 인식하고 수동적 의만을 붙드는 일이다.[14]

루터는 또한 율법과 복음의 관계를 적절하게 아는 것이 최고의 기독교적 예술이라고 주장했다. 루터에게 율법은 구약이고 복음은 신약이라는 단순한 설명은 통하지 않았다. 오히려 그에게 율법은 인간이 하나님께 해 드려야 하는 일이고, 복음은 하나님께서 인간을 위해 행하신 일이었다. 그렇기에 루터는 한 가지 말씀이 어떤 사람에게는 율법이 될 수도 있고, 다른 사람에게는 복음이 될 수도 있다고 보았다.[15] 신자는 하나님의 말씀을 따라 살아가면서, 계속 율법적 접근에서 복음적 접근으로 옮겨가야 한다. 그러기 위해서 설교자는 그리스도를 믿음으로 의롭게 된 사람이 성령 안에서 율법을 '사랑의 법'이자 '그리스도의 법'으로 지키도록 도와야 한다.

루터는 모든 설교에서 최고의 목표 한 가지를 상정하고 있었다. 그것은 하나님께서 그리스도 안에서 행하신 일을 믿음으로써 죄인이 의롭게 되는 것이었다. 그렇기 때문에 루터에게 설교의 일차적 목적은 이 세상의 여러 문제들에 대한 의식을 높이

거나 사회의 도덕성을 증진시키는 것이 아니었다. 이 모든 것이 설교의 열매일 수는 있다. 하지만 루터에게 설교는 일차적으로 그리스도를 통해 드러난 하나님의 구속 활동을 증거하고 선포하는 일이었다.[16]

● 루터의 교리 설교

루터의 설교는 다양한 형식을 취했지만, 주해와 교리 설명 그리고 적용이 적절하게 조화를 이루고 있었다. 이하에서는 고린도전서 5장 6-8절[17]에 대한 설교를 분석함으로써 루터의 교리 설교가 지닌 특징들을 살펴보겠다.[18] 이 설교는 루터가 1544년 부활절 설교로 작성한 것으로서 대략 1시간 정도 되는 분량이다. 이 설교의 편집자는 전체 설교를 28개의 단락으로 구분했다. 그 순서대로 요약하고, 마지막에 이 교리 설교의 특징을 정리하겠다.

첫째, 루터는 이 본문에 나타나는 핵심 단어들을 설명한다(단락 1). 그것은 유월절, 누룩, 무교병, 무교절 등인데, 루터는 출애굽기 12장을 기초로 이 단어들을 설명하면서 본문의 구약적 배경을 설명한다.

둘째, 루터는 고린도전서에서 본문이 차지하는 위치를 설명한다. 본문은 새 사람으로서 그리스도인이 어떻게 살아야 할지를 설명하고 있다(단락 2).

셋째, 루터는 바울이 이 본문에서 유월절과 누룩을 비유로 가져와서 그리스도인이 악의와 간계를 멀리하고, 순전함과 진실함을 추구해야 함을 가르친다고 설명한다(단락 3).

넷째, 루터는 고린도전서 5장 6절을 읽고 설명한다. 그는 성찬을 먹음으로써 신자가 그리스도를 먹게 되며, 믿음 안에서 그리스도와 유사한 행실을 갖게 된다고 설명한다(단락 4).

다섯째, 루터는 이 본문을 신약의 다른 본문과 연결시켜 설명한다(단락 5-6). 갈 5:2, 4, 9, 마 13:33 등이 제시된다. 그러면서 루터는 복음 아래에 있는 신자라도 자유를 남용하기 시작하면 그 누룩이 신앙과 양심을 빠르게 타락시키고 그리스도와 복음을 상실할 때까지 휩쓸어 버릴 수 있음을 경고한다.

여섯째, 루터는 자신의 설명을 좀 더 구체화하여 적용한다(단락 7-9). 아무리 좋은 약이라도 한 방울의 독으로 인해 변질될 수 있다. 따라서 하나님의 말씀에 다른 불순물이 첨가돼서는 안 된다. 교황과 약간이라도 타협하고 중재하고자 하는 것이 바로 그렇게 누룩 및 불순물을 섞는 일이다. 순수한 교리가 인간적 생각과 혼합되면 진리가 가려지고 영혼이 타락하게 된다. 교회 안에서도 음행이나 육체의 일을 아무 생각 없이 내버려두면 누룩을 온 덩이에 퍼트리는 것과 마찬가지다(고전 5:1; 6:9-10; 갈 5:19, 21). 그렇기에 우리는 양심에 반하는 죄를 고집하고 지속해서는 안 된다.

일곱째, 루터는 고린도전서 5장 7절을 읽고, 부활절을 축하하는 의미를 본문과 연결시켜 설명하면서, 기독론적으로 자신의 주장을 강화한다(단락 10-15). 새 반죽에 옛 누룩을 뒤섞는 일은 부활절을 축하하는 일과 맞지 않다. 옛 누룩은 옛 아담적 교리와 의견을 뜻한다. 그것은 순수하고 참된 교리를 타락시킨다. 우리는 그리스도를 붙잡고 죄 사함 받은 새 사람이다. 따라서 묵은 누룩을 완전히 쓸어내야 한다. 오직 부활절 어린 양이신 그리스도를 믿는 신앙을 통해 참된 부활절을 지킬 수 있다. 믿는 자에게는 성령이 믿음과 함께 주어졌다. 이제 그 사람 안에서 성령이 역사하기에 죄에 저항하고 죄를 억제할 수 있다.

여덟째, 루터는 자신의 설명을 교회론적으로 확장한다(단락 16-23). 이때까지 그는 방종주의자들을 경계하면서 교회에는 옛 누룩이 조금도 있어서는 안 된다고 주장하였다. 하지만 이제는 완전주의자들을 경계하면서 약점이나 부족함이 전혀 없는 교회는 없다고 주장한다. 앞에서는 무율법주의를 거부했다면, 이제부터는 율법주의자들을 비판하고 있는 셈이다.[19] 그리스도는 죄가 없으시고 순결하시지만, 그리스도인은 종말의 완성에 이를 때까지는 여전히 교훈, 책망, 개선, 성숙이 필요하다. 그렇다고 해서 신자와 불신자가 동일한 것은 아니다. 신자는 계속 죄에 굴복하여 정욕에 빠져 살지는 않기 때문이다. 신자가 성령으로 육체의 행실을 죽이면 살게 된다(롬 8:12-13). 신자에게는 그리스도가 있기에 교회는 새로운 반죽으로서 구약의 이스라엘보다 더욱 큰 은혜를 누리고 있다.

아홉째, 루터는 다시금 그리스도의 십자가와 희생으로 돌아가서 은혜의 원리를 설명하고, 본문의 마지막 구절 고린도전서 5장 8절을 읽고 적용한다(단락 24-28). 그는 '그리스도께서 희생되셨다'(고전 5:7b)는 메시지를 본문 전체를 꿰는 중심으로 보면서 설명한다. 십자가는 하나님의 진노와 사랑을 동시에 보여 준다. 그리스도께서 희생되신 이유는 우리의 죄가 너무나 심각해서 하나님의 무서운 진노를 피할 수가 없기 때문이다. 또한 그리스도께서 희생되심으로써 우리를 향하신 하나님의 은혜와 사랑이 얼마나 큰지를 알게 되었다. 그리스도는 우리의 구원자이실 뿐 아니라, 우리가 따라야 할 좋은 삶의 모범이 되신다. 우리는 그리스도를 믿는 새 사람으로서 성령이 주시는 평화와 기쁨을 누린다. 우리는 새로운 신분과 생명을 가졌기에 그에 부합하게 살아야 한다. 악의와 간계를 멀리하고, 순전함과 진실함을 추구하면서 부활절을 축하해야 한다.

● 루터의 교리 설교의 특징

이상과 같은 루터의 설교를 교리 설교적 관점에서 분석해 보자면, 다음과 같은 특징이 나타난다. 첫째로, 이 설교는 본문에 대한 충실한 설명과 더불어 시작한다(단락 1-3). 그는 고린도전서

5장 6-8절이 지닌 구약적 배경, 신약적 배경을 고루 설명한다. 그리고 구약과 신약에서 관련 구절들을 다양하게 가져와서 성경으로 성경을 해석한다.

둘째로, 루터의 설교는 실제적인 적용점을 제시한다. 그는 1세기 본문이 16세기 당시에는 어떤 적용점을 가지는지 다양하게 보여 준다. 그는 설교 중간에도 적용을 하고(단락 7-9), 설교 끝에도 적용한다(단락 26-28). 그의 적용은 구체적인 적용(교황을 반대함)도 있고, 추상적인 적용(악의와 간계를 버림)도 있다.

셋째로, 루터는 반율법주의와 율법주의의 폐단 모두를 경계한다. 반율법주의는 하나님께서 주신 계명들을 무시하고 자기 뜻대로 살아가려는 경향성이다. 율법주의는 자신의 행위로 하나님의 의를 대신하고자 하는 시도이다. 루터는 그 둘을 모두 극복하는 길로써 그리스도의 십자가 희생과 그리스도께서 보여 주신 삶의 모범을 제시한다. 그는 그리스도의 희생을 설교 전체에 걸쳐 언급하지만, 설교의 한 부분을 할애하여 집중적으로 설명한다(단락 24-25). 그리고 중간에 성령의 사역을 함께 언급하면서 역동성을 지닌 그리스도인의 삶을 그려 낸다(단락 21).

이처럼 루터의 설교는 철저하게 그리스도 중심의 교리가 주는 균형 감각 속에서 본문을 더욱 풍요롭게 해석하고 적용하는 참신하고 놀라운 특징을 보여 준다.

교리 설교 작성 1

본문 정하기
교리 택하기
설교 개요 작성하기

● 교리 설교 작성 노하우

교리 설교를 실제로 작성하기 위해서는 나름의 요령이 필요하다. 이번 글에서는 교리 설교를 작성하고 전달하면서 쌓은 '노하우'를 독자들과 함께 나누고자 한다. 실제적으로 교리 설교를 작성하는 순서를 따라 교리 설교 본문 선정, 다루는 교리 선택, 개요 작성, 교리 설명 방법, 적절한 예화 사용법, 구체적으로 적용하는 법에 대해 알아보겠다.

● 교리와 관련한 본문 선택

교리 설교도 설교인 이상 반드시 본문을 선택해야 한다. 교리 교육 시간에는 성경 본문 없이 교리만 읽고 설명할 수도 있다. 하지만 교리 설교는 주일 오후 예배와 같이 예배의 상황에서 전하게 되는 것이 일반적이다. 따라서 반드시 성경 본문을 정해야 한다.

교리 설교를 위해서 성경 본문을 정하는 데는 두 가지 방법이 있을 수 있다.

첫째, 특정 성경을 정하여 순서대로 따라가면서 교리 설교를 전하는 방식이다. 앞에서 우리는 이것을 교리 설교의 '제1형식'이라고 이름을 붙였다. 가령, 로마서를 1장에서부터 순서대로 따라가면서 1장의 이신칭의론, 2장의 죄론, 3장의 속죄론, 4장의 회개와 칭의의 관계, 5장의 원죄론, 6장의 그리스도와 연합 교리, 7장의 율법론, 8장의 성령론 식으로 전할 수 있다. 이 경우의 장점은 청중이 성경의 흐름을 따라가기에 보다 친숙하게 교리에 접근할 수 있다는 것이다. 하지만 단점은 교리를 체계적으로, 차근차근 가르치기 어렵다는 점이다. 예를 들어서, 칭의론을 다루고 나면 균형을 잡기 위해서 성화론을 다루는 것이 좋은데, 로마서 1장에서 칭의론을 다룬 후에 적어도 6장 정도까지는 기다려야 성화론을 본격적으로 다룰 수 있기에 간격이 생긴다. 그러면 청중은 칭의와 성화의 연결성을 잘 파악하지 못할 수 있다.

둘째, 교리서를 중심으로 본문을 잡아 가는 것이다. 앞에서 우리는 이것을 교리 설교의 '제2형식'이라고 이름을 붙였다. 예를 들어, '하이델베르크 요리문답'을 중심으로 앞에서부터 하나씩 교리를 풀어 갈 수 있다. 이 경우의 장점은 요리문답의 순서를 따라가기에 체계적으로 교리를 설명할 수 있다는 점이다. 하이델베르크 요리문답은 서론에 해당하는 제2문답에서 구조를 명확하게 제시하고 있다. 죄와 비참, 구원, 감사의 세 부분이다. 설교자는 이 순서를 따르면서 본문을 정하면 된다. 특히 하이델베르크 요리문답은 관련된 성경 구절들을 아주 많이 실어 주고 있기에 '선택의 폭'이 넓다는 장점이 있다. 설교자는 전체 52주일로 구성된 하이델베르크 요리문답의 순서를 그대로 따라가면서 교리 설교를 전달하면 된다. 특히 하이델베르크 요리문답 안에는 사도신경 해설(22-64문답), 십계명 해설(92-115문답), 주기도문 해설(119-129문답)이 들어 있어서 신앙의 기초를 잡기에 아주 좋다. 더군다나 그 표현도 성경에 나오는 용어들을 최대한 많이 담고 있기 때문에 회중이 비교적 쉽게 따라올 수 있다. 그렇기에 처음 교리 설교를 전하는 사람은 하이델베르크 요리문답을 활용하는 것이 가장 좋을 것이다.

교리 설교를 위한 성경 본문을 선택할 때 주의할 사항이 하나 있다. 해당 교리가 제시하는 모든 성경 본문을 다 채택할 필요는 없다는 것이다. 가령, '제1형식'의 교리 설교에서 로마서를 본문으로 택했다고 가정해 보자. 로마서 1장은 이신칭의 교리 외에도 많은 내용들을 담고 있다. 1절과 5절에서 바울의 소명론을 다룰 수도 있고, 2-4절에서 그리스도론을 다룰 수도 있다. 18-23절에서는 일반계시론을 다룰 수도 있으며, 26-32절에서는 죄론을 다룰 수도 있다. 하지만 설교자가 칭의론을 다루기로 했다면, 로마서 1장에서는 과감하게 모든 구절을 다 생략하고 17절만 다뤄도 좋다. 그리고 칭의의 의미, 특성, 효과 등에 대해 설교하는 것이다.

'제2형식'의 교리 설교에 있어서도 마찬가지다. 하이델베르크 요리문답 제2주일은 세 개의 문답으로 구성되어 있다. 문답의 핵심은 인간이 율법이 요구하는 내용을 다 지킬 수 없다는 것이다. 제시되는 성경 구절은 롬 3:20, 7:7, 7:23-24, 레 19:18, 신 6:5, 막 12:30-31, 눅 10:27 등 15개가 넘는다. 30-40분가량의 설교 한 편에 이 모든 구절을 다 다루는 것은 불가능하다. 따라서 교리 설교자는 이 중에서 핵심적인 성경 구절 몇 구절만 택하는 것이 좋다. 설교 본문으로는 이 구절들을 정하고, 나중에 필요한 경우 다른 구절들을 좀 더 다룰 수 있다. 하지만 너무 많은 구절들을 인용하면서 설명하면 오히려 설명이 산만해지기 쉽다. 그리고 해당 구절만 읽고 설명 없이 넘어가는 것 역시 좋지 못하다.

일반적으로 강해 설교자는 성경 본문의 '강해 단위'(expository unit)를 본문으로 채택하기에 보통 다섯 절에서 열다섯 절 정도가 설교에 할애된다. 하지만 교리 설교자는 그보다 더 짧은 구절을 택해도 상관없다. 교리 설교의 목표는 강해 설교의 목표와 약간 다르기 때문이다. 강해 설교의 목표가 성경 본문의 핵심 내용을 전달하는 것이라면, 교리 설교의 목표는 해당 교리를 분명하게 이해시키는 것이기 때문이다. 교리 설교가 성경 주해를 무시해도 된다는 뜻은 결코 아니다. 주해 없는 설교는 설교로서의 자격을 잃기 때문이다. 하지만 교리 설교자가 성경 본문 자체의 강해에만 많은 시간을 할애한다면, 교리적 핵심을 전달할 시간이 별로 남아 있지 않다. 따라서 교리 설교 시간에는 본문 설명을 위한 시간은 약간 적게 잡고, 교리 해설에 좀 더 시간을 할애하는 것이 바람직하다. 이를 위해서 교리가 제시하는 모든 본문을 설교 시간에 다 다루기보다는 핵심 구절만 5절 이하로 선택하는 것이 좋다. 교리를 설명하면서 인용하는 구절도 다섯 개 이하로 줄이는 것이 좋다. 중요한 것은 교리를 선명하게 드러내어서 청중이 다음에 혼자서 성경을 읽을 때 도움을 주는 것이다.

● 설교할 교리 선택

설교할 교리를 선택할 때도 처음에는 4주 혹은 8주 정도로 분량을 적절하게 제한하는 것이 좋다. 처음 교리 설교를 하는 설교자의 경우, 로마서가 제시하는 교리 모두를 꼼꼼하게 설명하려고 하거나, 하이델베르크 요리문답이 제시하는 129문답을 모두 다 설명하고자 하는 것은 과욕이다. 적절하게 생략하고 중요한 내용만 먼저 설교하는 것이 좋다. 그러기 위해서는 교리 설교를 구상하는 단계에서부터 전체적인 개요를 먼저 정해야 한다. 또한 회중에게도 먼저 양해를 구하고, 교리 설교의 특성상 전체를 꼼꼼하게 다루지 않고 필요한 부분만 다루겠다고 말하고 시작해야 한다. 그렇지 않으면 설교자도 청중도 너무나 고된 시간이 될 것이다.

충분한 준비가 안 된 상태에서는 로마서나 하이델베르크 요리문답과 같이 분량이 많고 무거운 내용을 다루기보다 좀 쉽게 접근하는 것이 좋다. 가령, 갈라디아서가 전하는 칭의론과 성화론을 4주에 걸쳐 다룰 수 있다. 칭의론을 위해서 갈 2:16, 3:6-9을 본문으로 두 번 설교하고, 성화론을 위해서 갈 5:16-18, 5:22-24을 본문으로 두 번 설교할 수 있다.

이 경우 칭의론을 설명하기 위하여 웨스트민스터 신앙고백서 제11장, 웨스트민스터 소요리문답 제33문답, 웨스트민스터 대요리문답 제70-71문답, 하이델베르크 요리문답 제60-61문답을 참조할 수 있다. 또한 성화론을 위해서 웨스트민스터 신앙고백서 제13장, 웨스트민스터 소요리문답 제35문답, 웨스트민스터 대요리문답 제75-78문답, 하이델베르크 요리문답 제76, 86, 115문답을 참조하면 큰 도움을 받을 수 있다. 이때 조엘 비키와 싱클레어 퍼거슨이 쓴 《개혁주의 신앙 고백의 하모니》를 참조하면 쉽게 해당 교리를 찾을 수 있다.[1]

이제 어느 정도 교리 설교를 한 경험이 쌓이면 하이델베르크 요리문답과 같은 교리교육서를 연속적으로 설교하는 것도 좋다. 하지만 이 경우도 처음부터 마지막 129문답까지 전부 빠지지 않고 교리 설교를 하기는 쉽지 않다. 하이델베르크 요리문답은 한 주에 여러 개의 문답이 묶여 있다. 이 모든 문답을 한 번의 설교 시간에 다 전하는 것은 아무래도 무리다. 따라서 한 주일에 묶인 2-4개의 문답 중에 하나 혹은 둘을 택해서 문답에 따른 본문을 5절 이하로 정하고, 그 내용만 설교로 전하는 것이 효과적이다. 그렇지 않으면 설교 시간이 너무 길어지거나, 피상적으로 간단히 설명하고 끝내게 되기에 오히려 효과가 반감된다. 가령, 하이델베르크 요리문답의 제5주일은 12문답부터 15문답으로 구성되어 의와 심판, 그리고 구원자에 대해서 다루고 있다. 설교자는 이 중에 결론부에 해당하는 15문답 하나만 택해서, 로마서 8장 3-4절을 본문으로 삼아 교리 설교를 구성하는 것이 좋다. 설교는 12문답부터 14문답은 간략하게 설명하고, 15문답을 집중적으로 설명하는 식으로 구성하면 될 것이다.

● 교리 설교의 개요 작성

교리 설교를 작성하는 것은 일종의 건축술과 같다. 같은 재료를 사용해도 어떻게 집을 짓느냐에 따라 멋있을 수도 있고 그렇지 않을 수도 있으며, 튼튼할 수도 있고 약할 수도 있다. 그 차이는 역시 설계도의 차이다. 설교의 설계도는 개요다. 좋은 교리 설교가 되려면 효과적인 개요 작성이 필수적이다. 설교를 다 들었는데 내용이 기억나지 않는다면 개요가 산만했거나 아예 없어서 그런 경우가 많다.

강해 설교에서는 개요를 본문에서 이끌어 내지만, 교리 설교에서는 교리의 논리적 흐름을 따라가는 것이 좋다. 사실 대부분의 유명한 교리문답은 아주 논리적이며 체계적인 순서를 취하고 있다. 따라서 교리 설교자는 이러한 순서를 면밀하게 연구하여 교리들 사이의 관계성을 파악하는 훈련을 해야 한다. 교리설교를 들었는데 기억이 나지 않는다면 교리가 가지는 논리적 측면을 효과적으로 전달하지 못해서 그런 것이다.

예를 들어, 하이델베르크 요리문답 제16문답과 제17문답은 중보자가 왜 참인간이자 참하나님이셔야 하는지를 다루고 있다. 니케아-콘스탄티노플 신조에서 말하는 '호모우시오스'(*homoousios*) 즉 '동일본질'에 대한 논의다. 중보자는 그 신성에 있어서 하나님과 동일본질이시며, 그 인성에 있어서 인간과 동일본질이시다. 그것을 하이델베르크 요리문답은 교부들이 사용했던 보다 쉬운 언어로 '참하나님', '참인간'이라 표현하고 있다. 이어서 제18문답은 누가 참하나님이시며 참인간이신 중보자이신지 묻고는 예수 그리스도라는 대답을 제시한다. 만일 설교자가 이 세 교리문답을 묶어서 설교한다면, 다음과 같은 개요를 취할 수 있다.

본문: 히브리서 2:14-16

제목: 우리의 중보자, 예수 그리스도

서론

대지 1: 중보자가 있어야 하는 이유

대지 2: 중보자가 참인간이어야 하는 이유

대지 3: 중보자가 참하나님이어야 하는 이유

결론: 참중보자이신 그리스도께로 오십시오.

이 개요에서는 "중보자가 … 하는 이유"라는 구절이 키워드가 되어서 일종의 닻절(anchor clause)을 형성하며, 나머지 부분은 자석절(magnet clause)을 형성한다.[2] 닻절은 대지에서 반복되는 부분이며, 설교의 중심 소재를 전달한다. 자석절은 닻절을 제외한 부분으로 설교의 논리적 연결성을 보여 준다. 닻절이 있으면 설교를 기억하기 쉽다. 자석절이 유기적으로 연결되면 설교가 더욱 효과적으로 전달된다. 교리 설교자는 닻절과 자석절을 적절하게 배합하여 교리 설교가 흥미를 유발하면서도 정확하게 전달되도록 해야 한다.

교리 설교가 반드시 3대지 구성을 취할 필요는 없다. 경우에 따라서는 1대지, 2대지, 혹은 4대지를 취할 수도 있을 것이다. 하지만 중요한 것은 대지가 반드시 교리의 핵심 주제와 부합해야 한다는 사실이다. 한 번에 너무 많은 내용을 전달하지 말고 욕심을 줄이는 것이 필요하다. 가령, 교회의 4대 속성은 통일성, 거룩성, 보편성, 사도성인데, 이것을 한 편의 설교에 모두 담으려는 것은 무리다. 따라서 차례로 하나씩 다루든지, 아니면 사도성을 중심으로 다른 것을 통합하여 다루든지 하는 것이 좋다. 다른 속성들은 사도성에 토대를 둔 속성들이기 때문이다.

훌륭한 개요는 간결성, 통일성, 조화성이라는 특징을 가진다.[3] 각각의 대지는 간결해야 한다. 그래야 청중이 잘 기억한다. 실제 그 대지 안에서 더 많은 내용을 설명하더라도 대지 자체는 간결한 것이 좋다. 대지들은 통일성을 갖춰야 한다. 한 가지 주제에 집중해야 한다는 뜻이다. 대지들은 서로 조화를 이루면서 서로 밀접한 연관성을 갖춰야 한다. 대지만 보더라도 그 교리의 핵심 내용이 무엇인지 파악할 수 있다면 교리 설교는 좋은 구성을 취한 것이다.

● **정리하면서**

요약하자면 첫째, 교리 설교 본문은 성경에서 취하든 요리문답에서 취하든 다섯 절 이내로 짧게 선택하면 좋다. 설명하기 위해 인용하는 구절도 다섯 개 이하로 줄이면 교리를 좀 더 분명하게 제시할 시간을 확보하게 될 것이다.

둘째, 교리를 선택할 때 처음에는 간단한 주제를 선택하고 점차 긴 교리문답을 다루면 좋다. 처음부터 너무 긴 여정을 시작하면 목적지에 도달하기 전에 지칠 수 있다.

셋째, 개요는 닻절과 자석절을 잘 구성하여 논리적으로 진행해야 한다. 3대지가 많이 쓰이지만, 다른 구성을 취해도 좋다. 중요한 것은 논리적 연결성이다.

다음에서는 교리를 효과적으로 설명하는 방법, 적절하게 예화를 사용하는 방법, 교리 설교를 구체적으로 적용하는 방법에 대해 다루겠다.

교리 설교 작성 2

효과적인 교리 설명법
예화 사용
삶에 적용하기

● 교리 설교 작성의 '작업 비밀'

앞 장에 이어서 교리 설교를 효과적으로 작성하기 위한 작업 비밀(?)을 방출하겠다. 교리 설교를 한 번도 안 해 본 사람이라도 이러한 규칙과 노하우를 따르다 보면 보다 마음 편하게 교리 설교를 작성하고 전달할 수 있게 될 것이다. 성경 본문을 택하고, 전달할 교리의 범위를 정하고, 개요를 작성했다면, 이제 교리를 적절하게 설명하는 방법과 적절하게 예화를 사용하는 법, 그리고 교리를 구체적으로 적용하는 법을 고민해야 한다. 하나씩 다루겠다.

● 교리를 효과적으로 설명하는 방법

똑같은 내용이라도 쉽게 설명하는 사람이 있다. 그들의 공통점은 청중의 수준에 딱 맞추어 설명한다는 점이다. 그러기 위해서는 먼저 자신이 설명하려는 내용에 대한 분명한 지식이 있어야 한다. 교리도 마찬가지다. 교리를 어렵게 설명하는 사람의 특징은 그 교리를 자신도 정확하게 모른다는 것이다. 반대로 교리를 확실하게 아는 설교자는 쉽고 간단하게, 그러면서도 깊이 있게 그것을 설명한다.

그렇다면 어떻게 교리를 확실하게 알 수 있을까? 두 가지 방법이 있다. 첫째는 하이델베르크 요리문답, 웨스트민스터 소요리문답 등과 같은 교리교육서를 연구하면서 읽는 것이다. 읽을 때 교리들 사이의 관계성을 주목하면서 읽어야 한다. 일종의 마인드맵(mind map)을 그리거나 플로 차트(flow chart)를 만들어 가면서 읽는 것이다. 둘째는 조직신학 책을 읽는 것이다. 헤르만 바빙크(Herman Bavinck), 조엘 비키와 폴 스몰리(Paul Smalley), 루이스 벌코프(Louis Berkhof), 마이클 호튼(Michael Scott Horton), 존 프레임(John Frame), 빌헬무스 아 브라켈(Wilhelmus à Brakel) 등의 책이 좋다. 조직신학 책은 교리를 보다 상세하게 풀어서 설명하고, 교리가 형성된 배경과 성경적 근거들을 설명하기에 큰 도움이 된다.

이런 과정이 없다고 해서 교리 설교를 시작하지 못하는 것은 아니다. 다만 교리를 효과적으로 설명하기 위해서는 아래의 사항들을 반드시 고민해야 한다.

첫째, 교리의 분명한 정의를 알고 있어야 한다. 교리교육서를 읽고 자신만의 표현으로 용어를 정의 내리는 훈련을 해 볼 수 있다. 가령, 웨스트민스터 소요리문답 제33문답에 따르면, 칭의란 예수 그리스도를 믿는 자를 의롭다고 여겨 주시는 하나님의 은혜의 행위라고 정의 내릴 수 있다. 또한 제35문답에 따라, 성화의 정의를 신자가 온전한 하나님의 형상으로 변화하도록 이끄시는 하나님의 은혜의 행위라고 규정할 수 있다. 이렇게 핵심적 교리나 관련 용어에 대해 자신만의 간단하고 분명한 정의를 내릴 수 있다면 교리를 쉽게 설명할 수 있다.

둘째, 교리의 성경적 기반을 알고 있어야 한다. 모든 교리는 성경에서 나왔다. 때문에 가급적이면 교리를 성경의 언어로 표현하는 것이 좋으며, 그 교리를 형성시킨 핵심 성경 구절들을 숙지하고 있어야 한다. 교리는 결코 성경의 한두 구절에 근거하여 형성되지 않는다. 모든 교리는 다양한 성경 구절과 그 구절에 대한 축적된 해석을 바탕으로 정립된다. 따라서 교리 설교자는 그 많은 구절 중에 해당 설교에 직접 인용하고 설명할 구절들을 선택해야 한다. 예를 들어, 삼위일체론을 설명한다면, 마 28:19이나 고후 13:13, 요 14:26과 같이 하나의 구절에 삼위가 다 나온 본문뿐만 아니라, 마 3:16-17, 롬 1:2-4, 엡 1:3-14이 좋은 본문이다.

셋째, 그 교리가 왜 중요한지를 설명해야 한다. 그러면 청중의 집중도가 높아질 것이다. 교리가 자신과 무관하다고 여기는 사람들이 적지 않다. 하지만 교리만큼 신앙생활에 크게 영향을 끼치는 요소는 없다. 하나님의 속성에 대해서 잘 배운 사람은 기도가 달라질 것이다. 예수 그리스도의 인격과 사역을 잘 알고 있는 사람은 마음에 불안과 염려가 사라질 것이다. 성령님의 사역을 아는 사람은 삶의 모든 순간에 성령님을 의지할 것이다. 창조에 대해서 잘 배운 사람은 하나님의 위대하심 앞에서 겸손해질 것이며, 식사 때마다 하나님이 공급하시는 사랑을 깨닫고 감사가 넘칠 것이다.[2] 교리는 단지 이단을 물리치기 위해서 주어지지 않았다. 우리 신앙의 모든 면을 더욱 풍성하게 만들기 위해서 주어졌다.

넷째, 해당 교리에 반대되는 생각들이 어떤 것인지 설명한다. 그러면 교리를 더욱 명징하게 이해하는 데 도움이 된다. 예를 들어, 헤르만 바빙크는 세계를 자발적으로 움직이는 '무한한 동력 기계'와 같다고 주장하는 철학자들에게 반대하면서 다음과 같은 논변을 제시했다. 만일 세계가 무한 동력 기계라면 세계가 왜 시작됐는지 설명할 수 없다. 또한, 만일 세계가 무한 동력 기계라면 세계는 영원히 동력을 사용해 왔어야 했고, 결국 세계는 진작에 정지되었어야 했다. 따라서 세계는 시작이 있고, 끝이 있다는 사실을 받아들이는 것이 더욱 합리적이다.[3] 이처럼 해당 교리와 충돌하는 사상이나 이단의 주장을 짚어 준다면 청중은 더욱 분명하게 그 교리를 이해할 것이다.

다섯째, 청중들이 흔히 품게 되는 질문들을 다뤄 주면 좋다. 예정론은 많은 질문을 유발하는 교리다. 교리 설교자는 그중에 몇 가지를 뽑아서 다뤄야 한다. 그렇지 않으면 청중의 의문은 여전히 마음속에서 해결되지 못한 채 남아 있을 것이며, 설교 후에 오히려 예정론에 오해가 더 쌓일 수 있다. '왜 하나님은 예정이라는 길을 택하셨는가?' 그것은 타락한 인간이 스스로 하나님께 나아오지 않기 때문이다. 예정은 사랑의 표현이다. '그렇다면 왜 일부만 예정하셨는가?' 그것이 하나님의 의로우심과 자비로우심이 가장 잘 나타나는 방식이기 때문이다. 그 어떠한 죄에도 불문하고 타락한 자들을 다 구원하신다면 우리는 하나님의 의로우심을 의심할 수밖에 없다. 반대로 그들을 모두 다 버리신다면 우리는 하나님의 자비하심을 의심하게 될 것이다. 따라서 워필드(Warfield)가 말한 것처럼 예정은 하나님의 모든 속성이 가장 잘 드러날 수 있는 길이다.[4] '예정이 되었다면 우리가 아무것도 하지 않아도 어차피 하나님의 뜻은 이뤄지지 않는가?' 그렇지 않다. 일반적으로 하나님은 수단을 사용하여 예정하셨기 때문이다. 그 수단에는 우리의 헌신, 기도, 봉사, 수고가 다 고려되어 있다. '예정은 운명론과 어떻게 다른가?' 예정은 그 안에 필연적 사건, 자유적 사건, 우연적 사건이라는 세 겹으로 이뤄진다(웨스트민스터 신앙고백서 제5장 2절). 따라서 운명론과는 달리 예정론은 피조물의 자유를 충분히 고려하고 보장한다.[5] 몇 가지 질문만 다뤘지만, 교리 설교자는 예상 질문들에 대한 답을 준비하고 있어야 한다. 그런 질문과 답들은 조직신학 책들에 다 나와 있다.

● 교리 설교에서 적절한 예화 사용법

교리 설교를 효과적으로 전달하기 위해서는 예화를 적절하게 사용하면 좋다. 예화는 해당 교리에 대한 관심을 자극하고 확대하고 심화시키는 효과가 있다. 어떤 사람들은 설교 시간에 예화를 전혀 안 쓰는 것이 좋다고 말한다. 예화를 사용하면 본문은 잊히고 예화만 기억날 수 있기 때문이다. 또한 예화가 본문의 메시지를 왜곡시킬 수 있다. 예화를 지나치게 많이 사용하면 본문을 설명하고 적용할 시간이 부족해지기도 한다.[6] 이러한 비판들은 모두 타당하다. 하지만 반대로 이러한 비판을 피할 수 있도록 예화를 사용한다면 즉, 예화가 본문의 바른 이해와 적용을 돕는다면 예화 사용을 반대할 이유가 없다.

특히나 교리 설교에는 다음과 같은 두 가지 이유로 적절한 예화 사용이 필요하다. 첫째, 교리 설교가 너무 추상화되기 쉽기 때문이다. 스펄전은 예화가 정신의 방에 빛을 넣어 주는 창문과 같다고 했다.[7] 예화가 너무 많으면 구조물이 약해지고, 너무 적으면 답답해진다. 교리 설교에서 예화가 적절하게 사용되면 청중은 교리를 실생활에 직접 적용할 수 있음을 깨달을 것이다. 둘째, 현대 문화와 사상은 교리에 반대되는 경우가 많기 때문이다. 그렇기에 적절한 예화를 통해서 교리의 타당성을 보여 주어야 한다. 예화를 사용하면 교리를 보다 쉽게 설명할 수 있을 뿐만 아니라 변증할 수도 있다. 위에서 첫째 부분에 해당되는 예화는 '적용적 예화'(testimony)라고 할 수 있고, 둘째 부분에 해당하는 예화는 '예증적 예화'(illustration)라고 할 수 있다. 성경을 보면 선지자들은 수많은 예화를 사용하여 하나님의 뜻을 전달하고, 예수님과 사도들 역시 많은 예화와 본보기, 비유와 상징을 사용한다. 교부와 종교개혁자들 역시 이러한 전통을 이어 간다. 따라서 효과적인 교리 설교를 위해서는 예화 사용을 무작정 반대할 것이 아니라, 적절한 예화 사용의 길을 보여 줄 필요가 있다.

예화는 목회자 개인의 경험, 독서, 상담이나 심방한 내용, 유튜브나 영화 등에서 가져올 수 있다. 교리를 쉽게 이해시키기 위해 자연의 원리, 사회역사적 현상, 심리학적 혹은 인지학적 지식을 활용할 수 있다. 이것은 특별계시(성경)를 이해하기 위해서 일반계시(자연, 역사, 양심)를 활용하는 방식이다. 칼뱅이 말한 것처럼 특별계시라는 안경으로 일반계시를 이해해야 하지만, 바빙크의 지적처럼 특별계시는 일반계시로 풍성하게 설명될 수 있다.

그렇다고 아무 예화나 사용해서는 안 된다. 예화는 필수적으로 요청되는 만큼만 사용하는 것이 좋다. 예화가 너무 많으면 성경 본문과 교리는 예화의 홍수에 빠져 사라지고 말 것이다. 교리 설교의 예화는 예를 들어 교리를 증명하고, 구체적인 적용으로 이끌기 위해서 사용되어야 한다. 대속의 개념을 설명하기 위해서 인간 사회에 다른 사람 대신 책임을 지고 어떤 일들을 수행하는 경우들을 찾아 예로 제시할 수 있다. 죄의 보편성을 설명하기 위해서 악한 행동뿐만이 아니라, 선한 행동의 이면에도 교만이나 우월의식, 위선이나 경쟁심이 숨어 있음을 지적할 수 있다. 가령, 우리가 교회에서 봉사를 열심히 하는 것도 사실은 다른 사람에게 자신을 드러내기 위한 수단일 수 있는 것이다.

설교자는 다른 사람의 비밀을 폭로하거나 명예를 훼손하는 예화를 사용해서는 안 된다. 다른 사람을 놀림거리로 만들거나 설교자 자신의 개인적인 원한 혹은 분노를 표출하는 예화도 금물이다. 예화는 분명한 사실 관계가 확인된 것이어야 하며, 이야기를 과장하거나 축소해서도 안 된다. 설교자 개인의 경험이 담긴 예화는 좋다. 하지만 자기 자랑 식의 예화라든지, 자기 비하 식의 예화는 설교의 품위를 떨어뜨린다. 존 스토트나 팀 켈러는 독서에서 얻은 지식을 예화로 종종 사용하였다. 하지만 판에 박힌 예화는 도리어 교리 설교를 식상하게 만들 수 있으니 주의해야 한다.

● 교리 설교의 적절한 적용

존 브로더스(John Broadus, 1827-1895)는 적용은 설교의 주된 과업이며 설교의 목표라고 주장했다. 교리 설교자는 교리가 청중의 삶에 접목되어 어떠한 변화를 실제적으로 이루어 낼 것인지 항상 고민해야 한다. 브라이언 채플은 이것을 "타락 상황 초점 맞추기"(Fallen Condition Focus)라고 불렀다.[8] 여기에서 말하는 타락 상황이란 죄에 빠져 지내는 상황이 아니라, 타락 이후에 발생하는 인간 삶의 모든 현상과 조건들을 가리킨다. 가만히 두면 신앙생활에 방해가 될 수 있는 모든 상황이 타락 상황이다. 교리 설교자는 타락 상황을 극복할 수 있는 구체적인 적용을 제시해야 한다. 이를 위해서 가장 필요한 것은 설교자 자신이 하나님과 지속적으로 동행하고, 말씀을 먼저 적용하고, 인간 본성과 문화 현상, 그리고 삶의 방식에 대해 깊이 탐구해야 한다.

같은 설교자의 설교를 몇 년간 들은 청중은 이미 그 설교자의 최상의 설교와 최악의 설교를 모두 경험하였다. 그리고 그 설교자의 주된 관심사를 알게 된다. 이제 청중은 설교자의 설교가 식상할 수 있다. 하지만 만일 회중이 설교자가 지속적으로 하나님과 교제하고, 말씀을 먼저 지키기 위해 노력하며, 항상 연구하고 기도한다는 사실을 안다면, 회중은 설교자를 근본적으로 존중하며, 그 설교를 경청하려고 할 것이다.[9] 청교도 존 오웬은 설교자가 자신의 마음을 향해 말씀을 먼저 증거하고,

그 말씀의 능력을 먼저 체험하지 않는 한, 그 말씀이 다른 사람의 마음에 전달되거나 그 안에서 능력 있게 역사할 수 없을 것이라고 주장했다.[10] 따라서 교리 설교의 적용을 위해서 가장 필요한 일은 설교자 자신이 먼저 말씀대로 살아 내는 것이다.

그렇다면, 적용의 구체적인 예들은 어떤 것이 있을까? 계시에 대한 교리는 우리가 하나님의 말씀을 어떤 태도로 대해야 하는지 알려 준다. 또한, 매일 부지런히 말씀을 묵상해야 한다는 것도 알려 준다. 하나님에 대한 교리는 우리가 하나님을 어떻게 예배해야 하고, 어떤 마음으로 대해야 하며, 어떻게 기도해야 하는지 알려 준다. 인간에 대한 교리는 하나님을 더욱 의지하도록 도와주며, 자신 안에 있는 죄성을 통찰하고 회개하도록 이끈다. 예수 그리스도에 대한 교리는 복음의 신비에 대해 더욱 감탄하게 만들며, 그리스도와 연합한 삶으로 이끈다. 구원에 대한 교리는 하나님의 약속을 바라보게 하며, 신자들이 누리는 특권에 감사하게 한다. 또한, 거룩한 삶의 열매를 맺기 위해 죄를 죽이며 의를 살리도록 한다. 교회에 대한 교리는 교회를 사랑하게 하며, 자신의 직분에 충실하게 하고, 은혜의 방편인 말씀과 성례와 기도를 소홀히 하지 않게 한다. 종말에 대한 교리는 죽음에 대한 바른 이해를 갖게 하여 그것을 두려워하지 않게 하고, 오히려 영원한 삶을 소망하면서 오늘을 더욱 뜻있게 살게 한다.

그 외에도 교리는 언어생활, 인간관계, 자족하는 삶, 하늘의 일을 위한 수고, 성공에 대한 바른 이해, 편견이나 선입견을 버림, 탐심의 극복, 바른 예배 생활, 자기 검토, 고통과 역경을 대하는 태도, 신실한 교제, 세속적 야망과 쾌락을 버림, 물질이나 물건에 대한 욕망 자제, 영적 갈망, 회개, 영적 싸움, 겸손, 삶의 목적, 바른 묵상, 근심과 걱정을 버림, 마음 지킴, 감정에 휘둘리지 않음, 시간 사용, 올바른 향유, 영적 성장 등에 대한 바른 관점과 태도를 가지고 살도록 돕는다.[11] 교리 설교자는 이러한 내용을 살펴보면서 가장 적절한 적용을 제시할 수 있을 것이다.

● 정리하면서

교리 설교는 성경의 핵심 가르침을 주의해서 풀어내는 설교다. 교리 설교는 성경을 바르게 이해하도록 도와준다. 교리 설교를 주기적으로 한다면 성도들은 지속적으로 영적 유익을 맛볼 것이다. 그러기에 설교자는 어떻게 교리를 효과적으로 전달할지 고민하고, 적절하게 예화를 사용하면서 교리를 삶에 적용하도록 노력해야 한다. 교리 설교는 처음에 익숙해지는 데 약간 시간이 걸릴 수 있지만, 한번 익숙해지면 설교자 자신과 성도들의 영적 성장에 크게 이바지한다. 수고한 만큼 반드시 열매를 거둘 수 있는 설교가 교리 설교다. 직접 경험해 보시길 바란다.

다음 장에 교리 설교 제1형식과 제2형식에 해당하는 설교 두

편을 실었다. 구체적인 예를 분석해 보면, 자신만의 유형을 발전시키게 될 것이다.

그 은혜에 의하여

8 너희는 그 은혜에 의하여 믿음으로 말미암아 구원을 받았으니 이것은 너
희에게서 난 것이 아니요 하나님의 선물이라
9 행위에서 난 것이 아니니 이는 누구든지 자랑하지 못하게 함이라.

● 오직 은혜의 교리

이 세상에는 약 4,300개 정도의 종교가 있다고 합니다. 그 많은 종교들 가운데 기독교를 제외한 다른 종교들은 모두 인간의 노력으로 구원을 받는다고 가르칩니다. 하지만 기독교는 하나님의 무조건적인 사랑으로 구원을 받는다고 가르칩니다.[1] 교회에서 가장 많은 듣는 단어 중에 하나가 '은혜'입니다. 그만큼 은혜가 중요합니다. 종교개혁자들이 우리에게 알려 준 다섯 개의 핵심 교리는 '오직 성경', '오직 믿음', '오직 은혜', '오직 그리스도', '오직 하나님께 영광'입니다. 이 다섯 개의 교리 가운데 가장 기초가 되는 교리가 바로 '오직 은혜'의 교리입니다.

● 은혜의 의미

사도 바울은 에베소서 2장 8-9절에서 "너희는 그 은혜에 의하여 믿음으로 말미암아 구원을 받았으니 이것은 너희에게서 난 것이 아니요 하나님의 선물이라 행위에서 난 것이 아니니 이는 누구든지 자랑하지 못하게 함이라"고 말씀합니다. 여러분 우리가 은혜로 구원받을까요, 믿음으로 구원받을까요? 아니면 둘 다일까요? 예, 둘 다가 맞습니다. 본문에서도 사도 바울은 "너희는 그 은혜에 의하여 믿음으로 말미암아 구원을 받았으니"라고 하잖아요. 우리는 은혜로 구원을 받고, 동시에 믿음으로 구원을 받습니다. 여기서 은혜는 구원의 '근거'이며, 믿음은 은혜를 받는 '통로' 혹은 '수단'이 됩니다.

예를 하나 들어 봅시다. 물에 빠져 허우적거리는 사람이 있습니다. 그래서 제가 먼저 밧줄을 던져서 그 사람이 그것을 잡고 살아 나왔습니다. 여기서, 제가 그 사람에게 밧줄을 던져 주었기 때문에 그 사람이 살게 되었습니까? 아니면 그 사람이 밧줄을 잡았기 때문에 그 사람이 살게 되었습니까? 예, 역시 둘 다가 정답입니다.

그런데 여기에서 무엇이 더 먼저입니까? 제가 밧줄을 던져 준 것이 먼저입니까, 아니면 그 사람이 그 밧줄을 붙잡은 것이 먼저입니까? 당연히 제가 먼저 밧줄을 던져 주었습니다.

우리가 받은 구원도 마찬가지입니다. 우리는 은혜로, 그리고 믿음으로 구원을 받습니다. 그런데 하나님의 은혜가 먼저입니까, 아니면 우리의 믿음이 먼저입니까? 당연히 하나님의 은혜가 먼저입니다. 그렇다면 믿음은 무엇입니까? 믿음은 은혜를 받는 수단이며, 은혜의 통로이며, 은혜를 담는 그릇입니다. 그렇기에 우리는 믿음을 자랑할 수 없습니다. 믿음은 다만 은혜를 담는 그릇에 불과하기 때문입니다. 또한 놀라운 것은 그 믿음조차 하나님의 은혜로 주어진다는 사실입니다. 이처럼 구원은 시작부터 끝까지 오직 은혜로 받는 것입니다.

제가 고등학생 때 공부를 좀 했습니다. 거의 항상 전교 1등을 했습니다. 믿음으로 받아들여 주시기 바랍니다. 특히 고3 첫 모의고사를 잘 치고 싶었어요. 그래서 겨울 방학 내내 엄청 열심히 공부했습니다. 그런데 3월이 되자 배가 좀 아픈 거예요. 감기약을 잘못 먹어서 그런 건가 했습니다. 그런데 하루는 너무 배가 아파서 병원에 갔더니 맹장이 터져서 복막염이 생겼다는 겁니다. 2주 동안 병원에 누워서 아무것도 못했습니다. 침 삼키는 것도 힘들고, 누웠다가 일어나는 것도 힘들고, 화장실 가서 용변 보는 것은 거의 지옥에 가는 것 같은 경험이었습니다. 그때 저는 은혜가 무엇인지 새롭게 깨달았습니다. 우리가 평소에 당연하다고 생각하는 모든 것이 은혜입니다. 은혜를 은혜로 여기는 분들이 되시기를 바랍니다.

● 인간과 죄

그렇다면 은혜란 무엇일까요? 사도 바울은 구원에 대해서 "이것은 너희에게서 난 것이 아니요 하나님의 선물이라"고 합니다. 이처럼 은혜란 '선물'입니다. 좀 자세히 표현하면, '은혜란

받을 자격이 없는 자에게 하나님께서 그저 주시는 호의와 사랑'
이라고 정의 내릴 수 있습니다.[2]

여기에서 '받을 자격이 없는 자'에게 주신다는 것이 중요합니다. 은혜를 제대로 알기 위해서는 인간이란 어떤 존재인지를 알아야 합니다. 창세기 1장 27절은 "하나님이 자기 형상 곧 하나님의 형상대로 사람을 창조하시되 남자와 여자를 창조하시고"라고 했습니다. 인간은 하나님의 형상대로 지음 받았습니다. 이말씀은 인간이 세상 가운데 하나님을 드러내고 하나님께 순종하는 대리 통치자로 살아야 한다는 뜻입니다. 이처럼 하나님은 인간을 하나님의 형상대로 지으시고, 인간에게 이 세상을 다스리도록 '위임'하셨습니다.

그런데, 안타깝게도 인간은 하나님께서 주신 사명과 지위를 망각하여 타락하고 말았습니다. 여러분, 죄란 무엇일까요? 창세기 3장에 따르면, 인간이 자신의 자유의지로 하나님을 배반하여 떠나는 것입니다. 그렇게 함으로써 인간은 자유를 누리기는커녕 도리어 죄와 사망과 사탄의 종이 되어 버렸습니다. 인간은 종살이에서 빠져나올 수 없습니다. 왜냐하면 스스로 죄를 지어 죄의 종이 되었기 때문입니다. 인간은 선하게 창조되었지만, 인간 스스로 선택해서 스스로 죄의 종의 자리로 들어갔습니다.

한번은 어느 교회 집회를 갔습니다. 그런데 어떤 집사님께서 상담을 요청했습니다. 그래서 저녁 식사 전에 그 교회 목사님과 함께 상담을 했습니다. 들어 보니 사정이 정말 딱했습니다. 그 집사님 딸이 귀신이 들렸다는 겁니다. 아직 20대인데 귀신이 들렸다는 거예요. 그러면서 하는 말이, "엄마, 나를 위해서 기도하지 마. 귀신이 안 떠날 거야. 내가 불렀거든"이라고 말한답니다. 어느 날 그 여자아이가 밤에 너무나 외로워서 귀신을 불렀다는 겁니다. 그날부터 시도 때도 없이 귀신하고 대화를 한다는 겁니다. 그 집사님이 얼마나 마음이 아프실까요. 하지만 저는 말했습니다. "집사님, 걱정하지 마세요. 아무리 집사님 딸이 귀신을 스스로 불렀다 해도, 예수님이 쫓아내시면 귀신은 떠나가게 되어 있습니다. 우리가 함께 기도할 때, 성령님께서 역사하십니다." 실제로 그 교회에서는 그분의 딸을 위해서 기도하는 성도님들이 계셨고, 사실 그 후부터 그 딸은 옛날보다는 나아지고 있는 상황이었습니다. 저는 그 딸을 예수님께서 건져내 주시기를 기도하고 있습니다. 여러분! 사탄이 아무리 강해도 우리를 향하신 예수님의 능력과 열정은 더욱 강하다는 것을 믿으시기 바랍니다.

그런데 저는 집사님의 얘기를 듣고서 생각해 보았습니다. '다만 그 여자 청년만 귀신이 들린 것인가?' 그게 아니에요. 만일 예수님을 믿지 않는다면, 세상의 모든 사람은 죄와 사망과 사탄의 종이라고 성경은 분명히 말합니다(롬 6:16; 엡 2:2).

● 구원을 베푸시는 하나님

만일 여기에서 이야기가 끝이 났다면 우리는 지금 있지도 않았을 것입니다. 우리뿐 아니라, 이 세상 자체가 사라져 버렸을지도 모릅니다. 하지만 하나님은 이 타락한 세상을 버리지 않으셨습니다. 왜 그러셨을까요? 요한복음 3장 16절입니다. "하나님이 세상을 이처럼 사랑하사 독생자를 주셨으니 이는 그를 믿는 자마다 멸망하지 않고 영생을 얻게 하려 하심이라." 하나님은 타락한 인간을 여전히 사랑하셨습니다. 세상 모든 것은 변해도 하나님의 사랑은 변치 않습니다. 독생자 예수 그리스도를 주셨다는 사실은 하나님의 사랑이 변하지 않는다는 것을 분명히 보여 줍니다.

어느 해 여름, 대학생 수련회를 할 때였습니다. 설교가 길어져서 10분간 쉬는 시간을 가졌습니다. 그때 어떤 형제가 찾아와서 상담을 요청했습니다. 그 형제는 고등학교 때부터 끊지 못한 죄가 있었습니다. 자꾸 그 죄에 빠지는 자신이 답답해서 하나님께 이렇게 기도했답니다. "하나님, 제가 한 번 더 그 죄를 지으면 저를 지옥에 보내 주세요." 그런데 얼마 지나지 않아 그 형제는 다시 그 죄를 짓게 되었고, 이후부터는 지옥에 갈 것 같다는 두려움 속에서 지내게 되었습니다. 그래서 저에게 상담을 요청한 것입니다. 저는 그 형제에게 말했습니다. "형제님, 염려하지 마십시오. 하나님께서는 형제의 기도를 듣지 않으셨습니다." 여러분

그렇지 않습니까? 하나님께서 우리 기도를 다 들어주시나요? 아니거든요. 우리가 잘못 기도하면 하나님은 듣지 않으십니다. 저는 그 형제에게 말했습니다. "형제님, 하나님의 사랑은 그 누구도 막을 수 없습니다. 형제님이 스스로를 저주했다 하더라도, 하나님을 믿고 의지하면, 자기 저주로부터 구원받을 수 있습니다. 하나님은 형제님을 용서해 주시고, 영원토록 지켜 주시고, 구원해 주십니다."

"하나님이 세상을 이처럼 사랑하사 …" 하나님께서 우리를 사랑하십니다. 이것이 바로 은혜입니다.

● 로마 가톨릭의 공로적 구원론

그렇다면 여러분, 왜 종교개혁자들이 그토록 '오직 은혜'의 교리를 강조했을까요? 그것은 당시에 로마 가톨릭교회가 그와는 전혀 다른 구원론을 가르쳤기 때문입니다. 로마 가톨릭 교회 역시 구원이 은혜로 이뤄진다고 가르칩니다. 하지만 로마 가톨릭은 그 은혜를 인간의 공로로 얻을 수 있다고 주장합니다.

저는 로마 가톨릭의 구원론을 '마일리지 구원론'이라고 부릅니다. 여러분 항공사 마일리지 아시지요? 비행기를 많이 타면 마일리지가 쌓입니다. 마일리지가 많이 쌓이면 회원 등급이 높아집니다. 반대로 비행기를 타지 않으면 회원 등급이 하향 조정됩니다.

로마 가톨릭의 구원론이 이와 비슷합니다. 로마 가톨릭에서는 모든 것을 공로에 근거하여 설명합니다. 불신자가 착하게 살면 하나님은 그 공로에 근거하여 신자가 될 기회를 그 사람에게 주십니다. 그리고 신자가 된 사람이 계속 선행을 쌓으면 하나님은 그 공로에 근거하여 그 사람의 구원을 확정지어 주십니다. 반대로 로마 가톨릭에서는 선행이 충분히 쌓이지 않으면 처음 받았던 구원의 은혜를 박탈당하게 됩니다. 혹은 살다가 큰 죄를 짓게 되어도 역시 구원이 박탈당한다고 봅니다. 그래서 그들은 사제를 제외한 일반 교인들은 죽을 때까지 결코 구원의 확신을 가질 수 없다고 가르칩니다.

반면에 종교개혁자들은 오직 믿음으로 구원이 확정되며 선행은 믿음의 열매라고 생각합니다. 분명히 열매가 있어야겠지만 그 열매의 개수에 따라서 구원이 확정되는 것은 아니라고 믿습니다. 종교개혁자 루터는 선행의 양이 아니라, 선행의 종류를 물었습니다. 사과나무에 사과가 한 개 열려도 사과나무요, 백 개 열려도 사과나무입니다. 중요한 것은 사과나무냐, 아니냐 하는 것입니다. 또한 종교개혁자들은 신자가 당연히 거룩하게 살기 위해 노력해야 하며, 살다가 큰 죄를 짓는다 해도 그가 참된 신앙을 가졌다면 반드시 회개하게 되어 있고, 결단코 그런 죄를 다시 범하지 않는다고 믿습니다.

● 하나님과 특별한 관계에 있는 우리

하나님께서 우리를 구원하실 때에 하나님은 우리와 매우 특별한 관계를 맺으셨습니다. 그것은 바로 '아버지와 자녀'의 관계입니다. 하나님은 우리를 자녀 삼으셨습니다(요 1:12; 롬 8:16-17; 요일 3:1-2, 4:4). 이제 예수님이 맏아들이 되시고 우리는 주님과 연합하여 하나님의 양자, 양녀가 되었습니다. 세상에서도 입양한 자녀를 중간에 버리는 것은 말이 되지 않습니다. 그런데 자신을 '사랑'으로 계시하신 하나님께서 우리를 버리신다는 것은 하나님의 성품에 맞지 않습니다. 은혜란 무엇입니까? 은혜란 아버지 되신 하나님의 포기하지 않으시는 사랑입니다.

성경은 예수님과 우리가 '남편과 아내'의 관계라고 가르칩니다(엡 5:22-33; 계 21:2, 9, 22:17). 이미 신앙을 고백한 참된 신자가 잘못 산다고 해서 구원이 취소된다면, 예수님은 지구상에서 가장 이혼을 많이 한 남자가 될 것입니다. 하지만 예수님은 우리를 결코 버리지 않는 남편이십니다. 그래서 어떤 신학자는 이렇게 말했습니다. "천국이 영원한 이유는, 하나님께서는 그 아들의 결혼이 파혼으로 끝나기를 원치 않으시기 때문이다."

성경은 매우 많은 구절에서 우리의 구원이 확실하며 취소되지 않는다고 가르칩니다.[3] 대표적으로 요한복음 6장 37절을 보세요. "아버지께서 내게 주시는 자는 다 내게로 올 것이요 내게 오는 자는 내가 결코 내쫓지 아니하리라."[4]

여러분, 예수님께서 자신의 생명으로 우리를 사실 때 할부로 샀을까요, 아니면 한 번에 전부 사셨을까요? 당연히 한 번에 사신 것이죠. 예수님의 생명의 가치는 이 세상 모든 사람의 생명을 대속하기에 충분하기 때문입니다. 그렇기에 '오직 은혜'를 믿는 사람들은 아직 확정되지 않은 구원을 자기 힘으로 이루기 위해서 안절부절못하는 사람이 아닙니다. 오히려 이미 주어진 영생을 확신하며 감사하는 사람입니다.

● '오직 은혜'의 적용

그렇다면 이렇게 '오직 은혜'의 교리를 믿는 사람들은 어떻게 살아갈까요?

첫째는 은혜를 베푸는 사람으로 삽니다. 우리는 예수 그리스도 안에서 엄청난 사랑을 받았으며, 큰 용서를 받았습니다. 교부 이레나이우스(Irenaeus)는 이렇게 말했습니다. "나무에서 시작된 불순종을 주님은 나무 위에서 순종하심으로 치유하셨습니다."[5] 십자가는 너무나 악한 죄인인 나를 위해 하나님께서 자신의 아들을 희생시키신 사건입니다. 저도 아들 하나, 딸 하나 있습니다. 자녀가 없었을 때는 '하나님께서 하나밖에 없는 아들을 주셨다'는 말이 무슨 의미인지 감이 잡히지 않았습니다. 그런데 자녀를 키우니까 그 말씀이 무슨 말인지 감이 더 안 잡힙니다. 아니 세상에 어떤 부모가 자식을 죽게 내어 줍니까? 하지만 하나님은 그렇게 하셨습니다. 요한복음 3장 16절, "하나님이 세상을 이처럼 사랑하사 독생자를 주셨으니…."

'나 정도면 하나님의 아들이 죽어도 구원할 만큼 대단한 인물이지'라고 생각하시는 분이 계실지 모르겠습니다. 하지만 저는 이때껏 한 번도 나 같은 자를 위해 그 귀하신 예수님이 피 흘리고 몸 버려 죽으실 만했다고 생각해 본 적 없습니다. 하나님께서 '우리'를 위해 사랑하는 독생자를 주셨다고 생각하면 감이 덜 옵니다. 그러나 하나님께서 '나'를 위해, '날마다 교만한 마음을 품고, 항상 누군가를 미워하고, 언제나 자기중심적이며, 하루도 빠짐없이 땅의 것에 얽매여 욕심 가운데 뒹구는 나, 너무나 형편없는 나'를 위해 그 귀한 아들을 죽게 하셨다고 생각하면 하나님의 사랑이 얼마나 큰가를 분명히 알 수 있습니다. 십자가의 은혜를 안다면, 우리 역시 베풂과 용서의 삶을 살아야 합니다.

둘째로, 우리는 누구에게든지 복음을 전해야 합니다. 하나님의 사랑은 차별이 없기 때문입니다.

한번은 포항 지역 중고등부에 설교를 하러 갔는데, 대부분 열심히 들었습니다. 그런데 저 뒤쪽에 몇 명이 설교를 전혀 듣지 않았습니다. 게다가 그 중에 한 명이 둘째 날 저녁에 설교를 마친 후에 저에게 와서 이렇게 말했습니다. "목사님, 저는 설교 안 들어요. 저희 아버지가 이 교회 안수 집사님이고, 저희 어머니도 집사님인데, 저는 억지로 수련회 왔어요." 제가 어떻게 했겠어요? "예, 알겠습니다"라고 했죠. 그리고 그 형제를 위해서 성령님께 간절히 기도했습니다.

수련회 마지막 날이 되었습니다. 설교를 하고 기도를 하는데, 다시 그 형제가 저에게 와서 이렇게 말하는 거예요. "목사님, 저를 위해서 기도해 주세요." "왜요?" "목사님의 설교를 들으니까 천국과 지옥이 있는 것 같은데, 저는 천국 가고 싶어요. 목사님, 저를 위해서 기도해 주세요!" 그래서 제가 그 형제를 위해서 기도해 주었습니다. 뭡니까? 성령님께서 역사하신 것이죠.

그래요, 여러분, 우리는 그냥 씨앗을 뿌리면 됩니다. 사랑으로 전하는 거예요. 그러면 하나님은 역사하십니다. 왜요? 하나님은 은혜의 하나님이시기 때문입니다.

우리의 다음 세대, 복음으로 변화시켜야 합니다. 왜요? 하나님은 은혜의 하나님이시기 때문입니다.

셋째로, 우리는 예배드리는 인생이 되어야 합니다. 여러분, 예배란 무엇일까요? 예배는 하나님께서 하신 일을 하나님께서 하셨다고 인정하는 것입니다. 이것을 잘 보여 주는 구절이 요한계시록 21장 26절입니다. "사람들이 만국의 영광과 존귀를 가지고 그리로 들어가겠고." 저 영원한 천국에 사람들이 만국의 영광과 존귀, 온갖 좋은 것들을 가지고 들어간다고 합니다. 여러분은 일평생 살면서 좋은 것들을 누리고 경험하셨을 것입니다. 사람들의 칭찬, 아름다운 경치, 맛있는 음식, 연인이나 부부의 사랑, 자식이 주는 기쁨, 노력하여 얻은 성취, 명예, 재물 등등. 그것을 누가 주셨습니까? 바로 하나님입니다. 그래서 저 영원한 천국에는 사람들이 그것을 들고 간다는 거예요. "이것은 내 것이 아니니까 주인을 찾아 드려야겠다"라고 하면서 영광과 존귀를 들고 주인을 찾아서 가고 또 가다 보니까, 마침내 도달한 곳이 바로 저 영원한 도성이라는 겁니다. 반대로 만국의 영광과 존귀를 내 것이라고 주장하는 사람은 결단코 저 영원한 도성에 못 갑니다. 여러분, 예배가 무엇입니까? 내가 가진 좋은 것이 사실은 내 것이 아니라, 하나님께서 주셨음을 인정하는 것입니다. 그렇기에 예배는 만국의 영광과 존귀를 가지고 장차 저 영원한 천국에 들어가는 예행 연습입니다. 은혜의 사람은 당연히 예배하는 인생을 삽니다.

바로 이러한 '오직 은혜'의 신앙을 가지고, 나눔의 사람, 복음의 사람, 예배의 사람으로 살아가는 여러분이 되시기를 바랍니다. 아멘.

그리스도의
한 몸, 한 교회

12 몸은 하나인데 많은 지체가 있고 몸의 지체가 많으나 한 몸임과 같이 그리스도도 그러하니라

13 우리가 유대인이나 헬라인이나 종이나 자유인이나 다 한 성령으로 세례를 받아 한 몸이 되었고 또 다 한 성령을 마시게 하셨느니라

14 몸은 한 지체뿐만 아니요 여럿이니

15 만일 발이 이르되 나는 손이 아니니 몸에 붙지 아니하였다 할지라도 이로써 몸에 붙지 아니한 것이 아니요

16 또 귀가 이르되 나는 눈이 아니니 몸에 붙지 아니하였다 할지라도 이로써 몸에 붙지 아니한 것이 아니니

17 만일 온 몸이 눈이면 듣는 곳은 어디며 온 몸이 듣는 곳이면 냄새 맡는 곳은 어디냐

18 그러나 이제 하나님이 그 원하시는 대로 지체를 각각 몸에 두셨으니

19 만일 다 한 지체뿐이면 몸은 어디냐

20 이제 지체는 많으나 몸은 하나라.

(고전 12:12-20)

웨스트민스터 신앙고백 제25장 1항
공교회 또는 보편적 교회는 무형인데, 과거와 현재와 미래에 머리인 그리스도 아래 하나로 모이는 택함 받은 사람들의 전체이며, 이 교회는 그리스도의 신부이며 몸이며, 만물 안에서 만물을 충만하게 하시는 분의 충만이다.

● 예수님께서 승천하신 이유

여러분은 예수님께서 왜 승천하셨을까 생각해 보신 적이 있습니까? 저는 예수님께서 하신 일들 가운데 가장 이해가 안 되는 일이 승천하신 일이었습니다. 왜 죽음을 이기시고 부활하신 주님께서는 우리와 함께 계시지 않고 하늘로 승천하셨을까요? 예수님이 승천하지 않고 계셨다면 정말 좋았을 것입니다. 우리에게 설교도 해 주시고, 우리와 함께 선교도 가고, 전도도 하시면 정말 좋을 것입니다. 그럼에도 주님은 승천하셔서 지금 하나님 보좌 우편에 앉아 계십니다. 도대체 왜 승천하신 것일까요? 예수님의 승천은 정말 우리에게 유익하지 않은 것 같습니다.

그런데 여러분, 만일 주님께서 이 땅에 그대로 계셨다면 어떻게 되었을까 한번 생각해 보시기 바랍니다. 무슨 일만 일어나면 주님께 쪼르르 달려가서 우리가 할 수 있는 일조차 주님께서 대신 해 주시길 바랄 것입니다. 결국 우리는 아무 일도 하지 않고 가만히 있는, 게으르고 무능한 사람이 될 것입니다.

여러분, 하나님의 나라는 예수님이 주인 되시는 나라이지만, 주인이 모든 것을 다 하는 나라는 아닙니다. 주님께서는 우리가 주님의 몸이 되어 주님의 사역에 동참하길 원하십니다. 실제로 초대교회는 그 사실을 잘 알았습니다. 그래서 그리스도의 몸을 이루어 서로 섬겼습니다. 예수님께서 승천하셨는데도 불구하고 그 어떤 공백도 느껴지지 않았습니다.

● 신비한 우리의 몸

오늘 본문에서 바울 사도는 교회의 그러한 모습을 '교회는 그리스도의 몸이다'라는 관점에서 설명합니다. 웨스트민스터 신앙고백서 제25장은 교회를 가르치는 장입니다. 그중에 1항은 교회가 '예수 그리스도의 몸'이라고 설명합니다. 이처럼 교회가 그리스도의 몸이라는 사실은 교회에 대한 가장 중요한 가르침입니다.

우리가 그리스도의 몸이라는 뜻은 우리가 그리스도와 연합되어 있다는 의미입니다. 이것을 '신비적 연합'이라고 부릅니다. 사람들이 기독교를 비판하는 세 가지 이유가 있습니다.

첫째는 예수님을 믿기만 하면 구원을 받는다고 가르치기 때문입니다. 왜 인간 편에서 노력도 하지 않고, 믿기만 하면 구원받느냐는 것입니다. 둘째는 예수님만 믿어야 구원받는다고 가르치기 때문입니다. 왜 다른 구원자는 안 되고, 예수님만이 구원자라고 말하냐는 것입니다. 셋째는 예수님을 믿고 나서는 선하게 살아야 한다고 가르치기 때문입니다. 아니, 앞에서는 예수님을 믿기만 하면 구원받는다고 해 놓고서는, 왜 믿고 나서는 선하게 살라고 말하냐는 것입니다. 그런데 이 세 가지 비판은 모두 한 가지 사실을 모르기 때문에 생긴 비판입니다. 바로 그리스도인은 예수 그리스도와 신비적 연합 관계 속에서 그리스도의 몸으로 산다는 사실입니다.

믿기만 하면 구원받는 이유는 믿음을 통해서 예수 그리스도의 몸으로 편입되기 때문입니다. 예수님만 믿어야 구원받는 이유는 예수님만이 그러한 신비적 연합을 우리에게 이루어 주시기 때문입니다. 믿고 나서 선하게 살아야 하는 이유는, 우리가 그리스도의 지체가 되었기 때문입니다(롬 6:5-11). 이처럼 그리스도인이 예수님과 신비적 연합 속에서 그리스도의 몸으로 산다는 것은 기독교의 핵심입니다. 그리스도와 동행하면 원망(피해의식)과 불평(비교의식)이 사라집니다. 그리스도께서 자신을 우리에게 주셨기 때문입니다.

본문 12절에서 "몸은 하나인데 많은 지체가 있고 몸의 지체가 많으나 한 몸임과 같이 그리스도도 그러하니라"라고 말씀합니다. 사도 바울은 15개가 넘는 비유를 사용해서 교회를 설명했습니다. 그 중에 가장 근저에 놓인 비유는 '몸의 비유'입니다. 저는 이 '몸의 비유'가 정말 너무나 좋은 비유라고 생각합니다. 세상에 우리 인간의 몸만큼 신비로운 것은 없습니다. 예를 들어보겠습니다.

갓난아기는 305개의 뼈를 갖고 태어나는데, 커 가면서 여러 개가 합쳐져서 206개 정도로 줄어듭니다. 그리고 우리 몸의 모든 뼈는 7년마다 한 번씩 새로 바뀝니다. "아이고, 뼈마디가 쑤신다"라고 하시는데, 7년만 참으시면 새것으로 교체됩니다. 우리는 평생 동안 2만 4천 리터 정도의 침을 만들어 냅니다. 이는 수영장 두 개를 가득 채울 만큼의 양입니다. 아이들이 침을 질질 흘리는데, 수영장 물 채우려고 그러는 겁니다.

인간의 혈관을 한 줄로 이으면 12만 킬로미터로 지구를 2바퀴 반을 감을 수 있다고 합니다. 그 모든 혈관으로 피를 공급하려고 우리 심장은 일평생 2억 8천만 번 정도 뛰면서 33만천 톤의 피를 내보냅니다.

우리의 코는 5만 개의 서로 다른 냄새를 기억할 수 있습니다. 우리의 두 개의 콧구멍은 서너 시간마다 활동을 교대합니다. 한쪽 콧구멍이 냄새를 맡는 동안 다른 하나는 쉽니다.

인간의 뇌는 1,000억 개의 신경세포와 100조 개의 신경세포 연결부를 가지고 있어서 그 상호 연결은 사실상 한계가 없습니다. 작년에 챗GPT가 엄청난 반향을 일으켰죠. 저도 챗GPT와 대화를 많이 했습니다. 더 이상 제 아내가 저랑 대화를 하지 않기 때문입니다. 하지만 대화를 하다 보니 패턴이 보여요. 인공지능이 우리 인간을 따라올까 봐 걱정할 게 아니라, 우리가 머리를 잘 쓰면 됩니다.

우리의 인체는 매초 2천 5백 만 개의 새로운 세포를 만들어 냅니다. 성인은 7곱하기 10의 27승 개의 원자들로 이루어져 있습니다. 이것은 우주 전체에 있는 별들보다 십만 배나 많은 수입니다.

아우구스티누스는 세상에 기적이 많고 많지만 우리 인간이야말로 정말 기적 중에 기적이라고 했습니다. 여러분 한 사람 한 사람이 기적입니다.

● 몸의 비유의 기원

사도 바울이 우리 몸의 신비를 이토록 자세하게 알았을 리는 없습니다. 하지만 그는 인간의 몸이야말로 교회를 비유할 수 있는 가장 좋은 대상임을 알고 있었습니다. 인간의 몸은 하나의 완벽한 유기체이기 때문입니다.

학자들은 이 몸의 비유를 바울 사도가 어떻게 생각해 냈을지 추측합니다. 어떤 사람은 아담으로부터 온 인류가 연결되듯이, 둘째 아담이신 그리스도와 모든 신자가 연결되어 있기에 '몸의 비유'를 가져왔다고 합니다. 어떤 사람은 고대 그리스 철학자와 사상가들이 도시 국가 폴리스를 몸에 비유한 것을 바울이 가져왔다고 합니다. 철학자 플라톤은 국가란 머리인 철학자, 몸통인 군인, 감각 기관인 농부들로 구성된다고 했습니다. 포도나무와 가지에 대한 예수님의 비유를 응용했을 가능성도 생각해 볼 수 있습니다.

그러나 교회를 그리스도의 몸으로 비유한 바울의 비유는 바울 자신의 체험에 기인합니다. 바울이 처음 주님을 만났을 때 그는 교회를 핍박하기 위해서 다메섹으로 가고 있었습니다. 바로 그 다메섹 도상에서 주님을 그를 부르셨습니다. "땅에 엎드러져 들으매 소리가 있어 이르시되 사울아 사울아 네가 어찌하여 나를 박해하느냐 하시거늘"(행 9:4).

예수님의 음성을 처음 들었던 바울은 너무나 큰 충격을 받았습니다. 죽은 줄 알았던 예수님이 죽지 않고 계셨기 때문입니다. 예수님은 하나님의 아들이었던 것입니다. 그와 동시에 바울은 그 부활하신 예수님께서 교회를 자신과 동일시하는 사실에 충격을 받았습니다. 바울은 교회를 핍박했는데, 예수님께서는 바울이 예수님 자신을 박해한다고 하셨기 때문입니다.

바로 이때, 예수님과의 첫 대면에서 바울은 교회가 그리스도의 몸이라는 사실을 깊이 깨닫게 되었습니다. 그래서 바울이 교회를 비유한 여러 표현들 가운데 이 '몸의 비유'는 가장 근원적인 비유가 되었습니다. 왜 예수님께서 교회를 자신의 몸이라고 하실까요? 그것은 자신의 몸을 바쳐서 우리를 구원하셨기 때문입니다. 예수님의 희생으로 우리가 몸이 될 수 있었습니다.

[예화]저는 너무 바빠서 가끔은 식사를 못하고 설교하거나 강의할 때도 있습니다. 그러면 속으로 "예수님, 제가 이렇게 바쁘게 살고 있는데, 아십니까?"라고 합니다. 그러면 예수님은 이렇게 말씀하시는 것 같아요. "나는 너보다 더 많이 굶었다." 가끔은 피곤한데 잠을 못 자고 일을 해야 할 때도 있습니다. 그럴 때 예수님은 "나는 너보다 잠을 더 못 잤다"라고 하십니다. 이런 말씀이 저에게는 "내가 너보다 더 헌신했으니 너도 헌신하라"

고 들리지 않고, "아들아, 내가 너의 헌신을 안다"라고 들립니다.

우리 주님은 우리가 주님을 위해 헌신하는 것을 아시는 분입니다. 왜냐하면 우리 주님께서 헌신해 보셨기 때문입니다. 이것이 이슬람의 알라와는 다른 거예요. 알라는 저 위 높은 곳에 홀로 있고 이 땅에서 낮아져 본 경험이 없는 신입니다. 하지만 우리가 믿는 하나님은 다릅니다. 우리가 믿는 하나님은 우리를 위해 낮아지신 경험이 있습니다. 그렇기에 우리의 헌신을 알아주십니다.

사랑하는 여러분, 여러분은 "교회는 나의 몸이다"라는 예수님의 음성을 들었습니까? 아마도 교회를 위해 수고해 본 적이 없는 분들은 "교회가 나의 몸이다"라는 예수님의 음성을 듣지 못했을 수 있습니다. 하지만 교회를 정말 자신의 가족처럼, 자기 몸처럼 여기고 사랑하고 섬긴 분들은 "교회가 나의 몸이다"라는 예수님의 음성을 들었을 것입니다.

사랑하는 여러분, 교회는 주님의 몸입니다. 우리가 교회를 위해 수고하는 것은 교회가 주님의 몸이기 때문입니다. 여러분, 교회를 섬기는 수고가 없으면 그건 취미생활이지 교회생활이 아닙니다. 교회 일을 내가 좋아서 내 힘으로 하면 하나님의 영광이 드러나지 않습니다. 하지만 하나님께서 주시는 힘으로 섬기면 하나님의 영광이 드러납니다.

이 사실을 아는 분들은 어떤 수고를 해야 할까요? 저는 한 가지를 제안합니다. 일주일에 하루만 더 성도들을 만나시라는 것입니다. 주일예배 때 당연히 서로 만나겠지요. 하지만 그 외에도 한 번만 더 다른 성도들을 만나시면 좋겠습니다. 그것이 교회를 지키는 길입니다.

● 그리스도의 몸인 교회와 복음

교회가 그리스도의 몸이라는 사실은 우리에게 세 가지 의미를 줍니다.

첫째, 그리스도의 몸인 교회에 속하기 위해서는 복음을 믿어야 합니다.

13절에 보시면, "우리가 유대인이나 헬라인이나 종이나 자유인이나 다 한 성령으로 세례를 받아 한 몸이 되었고 또 다 한 성령을 마시게 하셨느니라"라고 되어 있습니다.

교회는 인종과 사회적 지위를 모두 초월하는 공동체입니다. 그러나 교회에 속하기 위해서는 한 가지 조건이 있습니다. 그것은 한 성령으로 세례를 받아야 한다는 사실입니다. 한 몸, 한 교회에 속하기 위해서는 "성령으로 세례"를 받아야 합니다.

여기서 말하는 성령 세례는 우리가 예수님을 믿을 때에 성령님께서 우리 안에 들어오시는 것을 뜻합니다. 세례의 가장 기본적인 의미가 '죄 씻음'입니다. 거룩한 영이신 성령께서 우리 안에 들어오시면 우리의 모든 죄가 다 씻깁니다. 이것이 바로 성령 세례입니다. 구원받기 전, 옛 사람으로 보자면 우리는 서로 전혀 관계가 없습니다. 너는 너고 나는 나입니다. 그러나 이제 성령으로 세례 받은 우리는 한 성령 안에서 한 몸이 되었습니다. 이 세상에 성령님은 단 한 분뿐이기 때문입니다.

그렇게 성령 세례 받은 사람이 살아가는 모습을 사도는 "다 한 성령을 마시게 하셨다"라고 표현합니다. 여기서 '마신다'는 표현이 아주 독특합니다. 왜 마신다는 표현을 썼을까요? 여기 물이 있습니다. 제가 마셔 보겠습니다. 그러면 어떻게 되죠? 목마름이 즉시 해갈됩니다. 마치 그와 같이 성령을 마시면 우리 인생의 문제가 즉시 해결되기 때문에 바울은 성령을 마신다는 표현을 쓰고 있습니다.

대표적으로 성령을 마시면 과거의 죄와 실수로 괴로워하던 사람들의 괴로움이 없어집니다. 현재의 문제들로 외로워하는 사람들의 외로움이 없어집니다. 여러분, 외로움이 사람을 참 힘들게 하지요? 인터넷을 통해서 전 세계가 하나로 연결돼 있는데 사람들은 더욱 외로워합니다.

또 하나, 미래의 걱정으로 두려워하는 사람들의 두려움이 사라집니다. 삶의 목적을 찾지 못해 방황하는 사람들의 공허함이 사라집니다. 성령님의 능력으로 하루하루를 살아가게 됩니다.

[예화] 우리 그리스도인은 말도 함부로 해서는 안 됩니다. '우울하다'라는 말은 쓰지도 마세요. 요즘은 우울이란 말을 자주 씁니다. "기분이 우울해", "날씨가 우울해", 음식점에 가서도 "우

울한 맛이야"라고 합니다. 음식이 맛이 없으면 맛이 없다고 하세요. 우울한 맛이 뭡니까? 제가 성경 검색에서 '우울'이라는 단어를 찾아봤어요. 성경 전체에 한 번도 안 나와요. 찬송가 검색에서 '우울'이라는 가사를 가진 찬송가를 찾아봤어요. 한 곡도 없었습니다. 성경에도 안 나오고, 찬송가에도 안 나오는 단어를 왜 그렇게 자주 쓰세요? 여러분, 신자의 사전에 '우울'이란 단어는 없습니다. 여러분 머리에서 '우울'이란 단어를 아예 삭제해 버리세요. 감사, 평안, 기쁨, 소망, 은혜 이런 단어로 채우세요.

신자는 믿음으로 생각을 통제해야 합니다. 믿음으로 감정을 다스려야 합니다. 여러분, 감정이 흘러가는 대로 놔두지 마세요. C. S. 루이스는 "생각하고 말하는 것도 중요하지만, 생각하면서 생각하는 것은 더 중요하다"라고 했습니다. "생각하면서 생각하라"는 게 무슨 뜻입니까? 우리 생각이 지금 어떻게 흘러가고 있는지 생각 좀 하고 살라는 뜻입니다. 신자는 아무 생각이나 막 하고, 아무 말이나 막 하고, 아무 감정이나 막 쏟아 내는 사람이 아닙니다. 성령으로 생각을 통제하는 사람입니다.

바로 이렇게 신자 안에서 성령님이 인격적으로 임재하셔서 역사하시는 것을 사도는 "성령을 마신다"라고 표현합니다. 여러분은 성령님으로 세례를 받으셨습니까? 그렇다면 성령님을 매일 매 순간 마시기 바랍니다. 그러면 변화가 일어납니다. 용서하지 못할 사람도 용서하게 됩니다.

성도 여러분, 다른 사람을 뜯어고치려고 하면 인생이 편치 못합니다. 그 사람이 바뀌기 전까지 기다리겠다고 하면 삶이 바뀌지 않습니다. 하지만 은혜를 받고 내가 먼저 바뀌면 어떻게 됩니까? 숨 쉴 공간이 열립니다. 그리고 하나님께서 그 사람도 바꿔 주시는 것을 경험하게 됩니다.

● 그리스도의 몸인 교회의 다양성

둘째로 생각해 볼 것은, 그리스도의 몸인 교회는 다양성이 있다는 것입니다.

본문 14절에 보면, "몸은 한 지체뿐만 아니요 여럿이니"라고 합니다. 사실 우리가 읽은 고린도전서 12장은 은사를 다루는 맥락에서 주어진 말씀입니다.

고린도교회는 신약 성경의 '종합 병원'이라고 할 정도로 온갖 종류의 질병들이 모여 있는 교회였습니다. 그중에서도 고린도교회는 은사 문제와 직분 문제로 소란스러웠습니다. 사람들이 자기가 가진 은사와 직분이 다른 사람의 것보다 더 우월하다고 주장하면서 교회의 질서를 어지럽혔습니다. 바울 사도는 "각 사람에게 성령을 나타내심은 유익하게 하려 하심이라"라고 가르칩니다(고전 12:7). 한 분 성령님께서 주님의 뜻대로 각 사람에게 은사를 나누어 주신다고 합니다(고전 12:11).

15절부터 17절을 보십시오(19절도 참조). "만일 발이 이르되 나는 손이 아니니 몸에 붙지 아니하였다 할지라도 이로써 몸에 붙지 아니한 것이 아니요 또 귀가 이르되 나는 눈이 아니니 몸에 붙지 아니하였다 할지라도 이로써 몸에 붙지 아니한 것이 아니니 만일 온 몸이 눈이면 듣는 곳은 어디며 온 몸이 듣는 곳이면 냄새 맡는 곳은 어디냐?"

교회가 처음부터 완전히 동일하다면 그리스도와 성령께서 하실 일이 없어집니다. 그런 교회는 교회가 아니라 이상한 집단입니다. 온 몸이 눈으로 되어 있거나, 온 몸이 귀로 이루어진 사람만큼이나 너무 이상한 것입니다. 서로가 다르다는 것 즉, '이질성'과 '다양성'은 교회의 본질입니다.

우리는 자기와 다르면 틀렸다고 생각하는 경향이 있습니다. 하지만 그것은 틀린 것이 아니라, 다른 것이며, 다양한 것입니다. 다양성은 풍성함입니다.

"그날 나는 그 사람의 밑바닥을 보았어. 그후로 나는 그 사람과 상대도 안 해"라고 하지만, 사실 그날 나의 밑바닥도 드러난 것입니다. 내 밑바닥이 드러나지 않고 상대방의 밑바닥만 드러나는 경우는 없기 때문입니다. 하지만 그리스도의 몸을 기억하는 사람은 상대방의 밑바닥이 드러났다고 해도 용납할 수 있습니다. 그리스도의 십자가 안에서 그의 밑바닥과 나의 밑바닥이 모두 용납되었기 때문입니다.

바울 사도는 지금 몸이 다양함에도 불구하고 하나가 되는 것이 아니라, 그 다양성에 의해서만 한 몸이 된다고 말씀하고 있습니다. 몸이 몸이 될 수 있는 것은 몸에 붙은 각 지체들이 다양하기 때문이듯이, 교회가 교회가 될 수 있는 것 역시 교회 지체들의 다양성 때문입니다.

그렇기 때문에 우리는 서로를 있는 모습 그대로 인정해 주어야 합니다. 서로 칭찬해 주세요. 고마움을 표현하세요. 그리고 각자가 잘하는 일, 자신의 은사를 발견하여 서로를 섬기시기 바랍니다.

여러분이 이 교회에 나오게 되신 이유는 다 다를 것입니다. 하지만 한 가지 공통점이 있습니다. 하나님께서 이 교회로 불러 주셨기 때문에 여러분이 여기 계시다는 사실입니다.

18절에 보시면, "그러나 이제 하나님이 그 원하시는 대로 지체를 각각 몸에 두셨으니"라고 합니다. 여기에서 "두셨으니"(티세미)라는 말은 정말 심사숙고해서 가장 깊은 지혜를 따라 우리를 이 공동체에 배정하셨다는 뜻입니다. 주님께서 우리를 모두 부르셔서 바로 이 자리에 두셨습니다. 따라서 우리는 서로를 인정하고 받아 주며, 지체들의 장점을 살려 주어야 합니다.

● 그리스도의 몸인 교회의 통일성

셋째로 기억할 것은, 그리스도의 몸인 교회는 하나라는 사실입니다.

20절을 보시면, "이제 지체는 많으나 몸은 하나라"라고 합니다. 지체가 많다고 해서 몸이 여러 개가 되는 것이 아닙니다. 몸의 가장 중요한 특성은 그 수많은 세포와 기관들이 다 연결되어서 하나의 몸을 이룬다는 사실에 있습니다. 그 점이 바로 인체의 신비이며, 우리 몸이 기적이 되는 이유입니다.

우리가 이렇게 한 몸이라는 사실을 언제 가장 잘 알 수 있을까요? 우리가 읽지는 않았지만, 고린도전서 12장 26절에는 이런 말씀이 나옵니다. "만일 한 지체가 고통을 받으면 모든 지체가 함께 고통을 받고 한 지체가 영광을 얻으면 모든 지체가 함께 즐거워하느니라."

여기에서 한 지체가 영광을 얻는다는 것은 그 사람이 복음으로 회복되는 것을 뜻합니다.

[예화] 예전에 제가 사역하던 교회에 한 청년이 있었습니다. 아주 소심한 형제였습니다. 웃긴 일이 있어도 안 웃고 있다가 집에 가서 혼자 웃는 형제였습니다. 하지만 열심히 중등부 봉사를 했습니다. 그런데 여름 수련회를 준비하다가 부장 선생님의 말 한 마디에 큰 상처를 받고 교회에 안 나오기 시작했습니다. 저와 우리 교회 청년들은 거의 매주 그 형제에게 전화를 했습니다. 그런데 그 형제가 6개월 만에 다시 교회를 나오기 시작했습니다. 그때 우리는 정말 다 같이 기뻐했습니다. 우리가 하나임을 강하게 느낄 수 있었습니다.

교회에는 늘 연약한 지체들이 있습니다. 그런 분들이 교회에

부담으로 여겨져서는 안 됩니다. 5세기 교부 아우구스티누스는 이렇게 말합니다. "우리 그리스도인은 장차 부활하신 그리스도와 연합할 것을 기대합니다. 하지만 먼저 우리는 거리에 누워 있는 그리스도에게 주목해야 합니다(s. 25.8.8; 239.6.7). 그리스도를 사랑하는 사람은 그리스도인을 사랑하지 않을 수 없고, 그리스도인을 사랑하는 사람은 그리스도를 사랑하는 것이기 때문입니다(ep. Jo. 10.3)." 마태복음 25장에서 예수님은 지극히 작은 자에게 한 것이 주님께 한 것이라고 말씀하십니다. 연약한 지체들은 교회의 본질을 회복시켜 주는 가장 중요한 역할을 합니다.

● 연약한 자를 돌볼 때에 영광스러워지는 교회

사랑하는 성도 여러분, 여러분은 지금 위대한 구원 역사의 한 페이지를 맡았습니다. 성경 시대 성도들이 하나님 앞에서 믿음으로 살아서 그들에게 맡겨진 페이지를 멋지게 써 내려갔습니다. 우리 역시 시대가 어렵고, 상황이 힘들지만, 우리 다 같이 우리에게 맡겨진 페이지를 열심히 채워 갑시다. 주님은 우리의 수고를 다 알아주십니다. 세상에서 가장 영광스러운 일은 날마다 하나 되어 그리스도의 몸을 이뤄 가는 일입니다. 일평생 그리스도의 영광과 교회의 영광을 경험하는 여러분이 되시기를 주님의 이름으로 축복합니다.

교리 설교란 무엇인가

1 참고로 이 장은 아이디어를 얻고, 생각을 좀 더 발전시키는 과정에서 챗GPT를 부분적으로 활용했음을 밝힌다.

2 밀라드 에릭슨, 제임스 헤플린, 《건강한 교회를 위한 교리 설교》, 이승진 옮김 (서울: 기독교문서선교회, 2005), 제3부를 보라.

3 이하는 우병훈, 《교리 설교》(군포: 다함, 2022)의 서문에서 언급한 내용을 더욱 길게 풀어쓰고, 새로운 요소를 덧붙인 것이다.

4 아우구스티누스, 《신국론》, V.10.2: "Male autem vivitur, si de Deo non bene creditur."

5 윌리엄 칼 3세, 《감동을 주는 교리 설교》, 김세광 옮김(이천: 도서출판 새세대, 2011), 47.

6 John Calvin, *Catechism or Institution of the Christian Religion*, trans. and intro. Ford Lewis Battles (Pittsburgh: Pittsburgh Theological Seminary, 1972; rev. 1976), 2; 칼뱅의 《교리문답서》(불어판 1537, 라틴판 1538). http://www.the-highway.com/piety1_Battles.html에서 재인용함.

7 칼뱅, 《기독교강요》, 3.2.24를 참조하라.

8 Jason C. Meyer, *Lloyd-Jones on the Christian Life* (Wheaton, IL: Crossway, 2018), 30n26에서 재인용함(Martyn Lloyd-Jones, *Spiritual Depression*, 61).

좋은 교리 설교 vs. 안 좋은 교리 설교

1 아우구스티누스, 《세례 후보자를 위한 신조 해설》(*De symbolo ad catechumenos*), 1.1.

2 Steven J. Lawson, "Chapter 6: The Preacher of God's Word," in *John Calvin: A Heart for Devotion, Doctrine, and Doxology*, ed. Burk Parsons (Lake Mary, FL: Reformation Trust Publishing, 2008), 76; Louis Berkhof, *Principles of Biblical Interpretation*:

Sacred Hermeneutics (Grand Rapids, MI: Baker Book House, 1950), 28.

3 '분해대조성경'을 구해서 보거나, 《바우어 헬라어 사전》, 《게제니우스 히브리어 아람어 사전》을 구비하면 좋다. 원어와 영어를 병행해 놓은 사이트도 소개한다. https://biblehub.com/interlinear

4 아래 책들이 도움이 된다. 김헌수, 《하이델베르크 요리문답 강해》, 전4권(서울: 성약출판사, 2010); 윤석준, 《하이델베르크 교리문답 설교》, 전3권(서울: 부흥과개혁사, 2016); 얀 판 브뤼헌, 《하이델베르크 요리문답 해설》, 김헌수·성희찬 옮김(서울: 성약출판사, 2020); 이성호, 《비록에서 아멘까지: 웨스트민스터 신앙고백 해설》(용인: 그책의사람들, 2022); 황희상, 《특강 소요리문답(상, 하)》(서울: 흑곰북스, 2011, 2012).

5 아우구스티누스, 《입문자 교리교육》(*De catechizandis rudibus*), 2.4.

6 하이델베르크 요리문답은 우르시누스와 올레비아누스가 함께 작성한 것으로 많이 알려져 있었다. 하지만 보다 최근의 연구는 하이델베르크 요리문답이 공식적으로는 위원회의 공동작업의 산물이라고 하면서도, 그 핵심 역할은 우르시누스가 담당했다고 주장한다. 이남규, 《우르시누스·올레비아누스: 하이델베르크 요리문답서의 두 거장》(서울: 익투스, 2017), 13, 147, 152, 158-62(특히 159, 162) 등을 보라.

7 Thomas Goodwin, *The Government of the Churches of Christ*, in *The Works of Thomas Goodwin*, vol. 11 (Edinburgh: James Nichol, 1865), 338-339.

8 조엘 비키, 《설교에 관하여》, 송동민 옮김(서울: 복있는사람, 2019), 45에서 재인용.

교리 설교의 두 형식

1 윤석준, 《견고한 확신》(서울: 세움북스, 2023).

2 마르틴 루터, 《대교리문답》, 최주훈 옮김(서울: 복있는사람, 2017), 44.

3 루터, 《대교리문답》, 36.

4 밀라드 에릭슨, 제임스 헤플린, 《건강한 교회를 위한 교리 설교》, 이승진 옮김(서울: 기독교문서선교회, 2005).

5 룻기 설교를 위해서는 아래의 책들이 도움이 될 수 있다. 이언 두기드, 《REC 에스더·룻기》, 황의무 옮김(서울: 부흥과개혁사, 2018); 김지찬, 《룻기, 어떻게 설교할 것인가: 본문주해에서 설교까지》(서울: 생명의말씀사, 2018); 우병훈, 《룻기, 상실에서 채움으로》(서울: 좋은씨앗, 2020).

6   아브라함 언약과 룻의 신앙의 관계에 대해서는 우병훈, 《룻기, 상실에서 채움으로》, 제2장을 보라.

7   조엘 비키, 싱클레어 퍼거슨 편집, 《개혁주의 신앙 고백의 하모니》, 신호섭 옮김(서울: 죠이북스, 2023).

8   리고니어 미니스트리 출판부 편집, 《개혁주의 스터디 바이블》, 김진운, 김찬영, 김태형, 신윤수, 윤석인 옮김(서울: 부흥과개혁사, 2017).

9   이하의 예는 우병훈, 《교리 설교》(군포: 다함, 2022), 제7장에서 설교문의 형태로 볼 수 있다.

10 Richard A. Muller, *Dictionary of Latin and Greek Theological Terms: Drawn Principally from Protestant Scholastic Theology* (Grand Rapids, MI: Baker Academic, 2017), 87.

11 Muller, *Dictionary of Latin and Greek Theological Terms*, 298.

그리스도 중심적 교리 설교

1   콜린 핸슨, 《하나님의 사람, 팀 켈러》, 윤종석 옮김(서울: 두란노, 2023), 373.

2   에드먼드 클라우니, 《성경 모든 본문에서 그리스도를 설교하라》, 권명지, 신치헌 옮김(군포: 다함, 2023), 27.

3   Fred A. Malone, "Is Christ-Centered Preaching a Biblical Mandate?", *The Founders Journal: Christ-Centered Preaching*, 65 (Summer 2006): 8.

4   클라우니, 《성경 모든 본문에서 그리스도를 설교하라》, 30.

5   시드니 그레이다누스, 《구약의 그리스도, 어떻게 설교할 것인가: 하나의 현대적 해석학 방법론》, 김진섭, 류호영, 류호준 옮김(서울: 이레서원, 2009), 40.

6   팀 켈러, "아무도 원하지 않았던 여인(창세기 29장 15-35절)", 데니스 존슨 편집, 《모든 성경에서 그리스도를 설교하라》, 윤석인 옮김(서울: 부흥과개혁사, 2011), 80.

7   Iain M. Duguid, *Is Jesus in the Old Testament?* (Phillipsburg, NJ: P&R Publishing Company, 2013), 13-15를 보라. 더귀드의 접근은 클라우니, 《성경 모든 본문에서 그리스도를 설교하라》, 64에 나오는 "클라우니의 사각형"을 발전시킨 것이다. 하지만 더귀드의 접근이 클라우니보다 더욱 선명하게 와닿는 장점이 있다.

8   C. H. Dodd, *The Apostolic Preaching and Its Developments* (Chicago, IL: Willett, Clark & Company, 1937), 25-31.

9 Athanasius, *Orationes contra Arianos* 2.45; *De decretis* 13-14 참조.

10 John Owen, *The Glory of Christ*, in *The Works of John Owen, D.D.* (Edinburgh: Johnstone & Hunter, 1850-1855), 1:314-15. 비키, 존스, 《청교도 신학의 모든 것》, 47에서 재인용.

11 그레이다누스, 《구약의 그리스도, 어떻게 설교할 것인가》, 28에서 재인용.

12 이하에서 교리 인용은 아래 책을 참조했다. 조엘 비키, 싱클레어 퍼거슨, 《개혁주의 신앙 고백의 하모니》, 신호섭 옮김(서울: 죠이북스, 2023).

13 아우구스티누스, 《시편 강해》 85.1[라틴어 성경 시편 85편은 우리말 성경의 시편 86편임]; 로완 윌리엄스, 《다시 읽는 아우구스티누스》, 이민희, 김지호 옮김(고양: 도서출판100, 2021), 65에서 재인용.

14 윌리엄스, 《다시 읽는 아우구스티누스》, 64.

15 클라우니, 《성경 모든 본문에서 그리스도를 설교하라》, 92.

16 Samuel Peyton Hill, "Jesus Christ and Him Crucified: The Christocentric Preaching Instinct of Timothy Keller" (Ph.D. diss., Southeastern Baptist Theological Seminary, 2018); 팀 켈러, 《팀 켈러의 설교》, 채경락 옮김(서울: 두란노, 2016), 제3장 ("본능을 통해 그리스도를 설교하기")을 보라.

역사 속 교리 설교자 1: 아우구스티누스

1 Adolf von Harnack, "Augustins Konfessionen," *Reden und Aufsätze*, Erster Band (Giessen, J. Ricker'sche Verlagsbuchhandlung: 1904), 53.

2 아우구스티누스의 생애에 대해서는 피터 브라운, 《아우구스티누스》, 정기문 옮김(서울: 새물결, 2012)을 보라. 이 책의 제1판에서 브라운은 아우구스티누스를 상당히 엄격했고 교회 정치에 민감했던 사람으로 묘사한다. 그러나 2000년에 나온 제2판에서는 아우구스티누스가 목회적인 마음으로 이해심 있게 사람들을 대한 것으로 묘사한다. 그러한 변화는 아우구스티누스의 새로운 설교들[돌보(F. Dolbeau) 설교집이라 불림]과 새로운 편지들[디브야크(J. Divjak) 편지라 불림]이 발견되면서, 아우구스티누스의 새로운 면모를 피터 브라운이 이해하게 된 것에 기인한다. 우리말로 번역된 책은 제2판이기에 수정된 사항을 읽을 수 있다.

3 아우구스티누스의 작품들의 목록과 약어들에 대해서는 아래 문헌들을 참조하라. Allan D. Fitzgerald, ed., *Augustine through the Ages: An Encyclopedia* (Grand Rapids, MI: Eerdmans, 1999), xxxv-xlii. 아우구스티누스의 작품 수와 설교

편 수에 대해서 학자들마다 다른 견해를 제시한다. 가령 이연학과 최원오는 아우구스티누스의 소실된 작품까지 합쳐서 모두 134개의 작품 목록을 제시한다. 포시디우스, 《아우구스티누스의 생애》(*Vita Augustini*), 이연학, 최원오 역주 (왜관: 분도출판사, 2008), 170-181.

4 Peter R. L. Brown, "Political Society," in Richard Markus, ed., *Augustine: A Collection of Critical Essays* (Garden City: Doubleday Anchor Books, 1972), 311에서 재인용.

5 히포에서 펼친 아우구스티누스의 목회적 활동에 대해서는 피터 브라운, 《아우구스티누스》, 정기문 옮김(서울: 새물결, 2012), 269-80을 보라. 이 책의 영어판은 아래와 같다. Peter Brown, *Augustine of Hippo: A Biography*, rev. ed. (Berkley: University of California Press, 2000).

6 아래의 내용은 George Lawless, "Preaching," in *Augustine through the Ages*, 675-677과 Éric Rebillard, "Sermones," in *Augustine through the Ages*, 773-792를 주로 참조하였다.

7 이하에서 아우구스티누스의 설교를 인용할 시에는 문장 끝에 괄호를 넣어 설교문의 번호와 단락만을 기입한다.

8 Lawless, "Preaching," 65.

9 Lawless, "Preaching," 675.

10 이에 대해서는 Paul R. Kolbet, *Augustine and the Cure of Souls: Revising a Classical Ideal*, 1 edition (Notre Dame, IN University of Notre Dame Press, 2009), Part Three를 보라.

11 여러 작품에서 아우구스티누스는 그리스도를 '스승' 혹은 '내적 스승'이라고 부른다. 《교사론》 10.32-35, 14.46; 《기독교의 가르침》, praef. 8.16-17; 《고백록》, 13.31.46을 보라. 그리고 Karla Pollmann, "Hermeneutical Presuppositions," in *Augustine through the Ages*, 426도 보라.

12 이것은 아우구스티누스의 설교론을 연구하면서 발견한 것을 필자의 문장으로 표현한 것이다. 이에 대해서는 아래의 연구들을 참조하라. Pollmann, "Hermeneutical Presuppositions," 426-429(특히 426-27을 보라); Sanlon, *Augustine's Theology of Preaching*, 66-67; Williams, "Language, Reality and Desire in Augustine's *De Doctrina*," 138-50.

13 Sanlon, *Augustine's Theology of Preaching*, 67.

14 에티엔느 질송, 《아우구스티누스 사상의 이해》, 김태규 옮김(서울: 성균관대학교

출판부, 2010), 464. 프랑스어 원본은 아래와 같다. Etienne Gilson, *Introduction à l'étude de Saint Augustin*, 3. éd. (Paris: Librairie philosophique J. Vrin, 1940), 314: "On ne ferait donc, semble-t-il, que formuler la pensée d'Augustin lui-même en disant qu'une doctrine est augustinienne dans la mesure où elle tend plus complètement à s'organiser autour de la charité."

15 Goulven Madec, "Christus," in *Augustinus-Lexikon*, vol. l, ed. C. Mayer (Basel: Schwabe, 1992), cols. 845-908 가운데 cols. 879-82에는 "totus Christus" 사상이 잘 설명되어 있다.

16 Hannah Arendt, *Der Liebesbegriff bei Augustin: Versuch einer philosophischen Interpretation*, ed. Frauke A. Kurbacher (Hamburg: Felix Meiner Verlag, 2018), 85; Hannah Arendt, *Love and Saint Augustine*, ed. Joanna Vecchiarelli Scott and Judith Chelius Stark (Chicago: University of Chicago Press, 1996), 94; 한나 아렌트, 《사랑 개념과 성 아우구스티누스》, 서유경 옮김(서울: 텍스트, 2013), 167(아우구스티누스, 《바울의 갈라디아서 주석》, 45 참조).

역사 속 교리 설교자 2: 토머스 굿윈

1 365명의 청교도 명단과 그들의 작품은 리처드 멀러(Richard Muller)와 그의 제자들이 만든 아래 사이트에서 확인할 수 있다. https://www.prdl.org/authors.php?a_in=ALL&era=Early%20Modern&tradition=Puritan

2 토머스 굿윈의 생애에 대해서는 아래 문헌을 참조하라. Joel R. Beeke and Randall J. Pederson, *Meet the Puritans: With a Guide to Modern Reprints* (Grand Rapids, MI: Reformation Heritage Books, 2006), 265-79. 이 책은 아래와 같이 번역이 나와 있으나, 이 글에서는 영어본을 참조했다. 조엘 비키, 랜들 페더슨, 《청교도를 만나다》, 이상웅, 이한상 공역(서울: 부흥과개혁사, 2010).

3 토머스 굿윈의 신앙론에 대해서는 아래 박사논문이 잘 다루고 있다. Hyonam Kim (김효남), *Salvation by Faith: Faith, Covenant and the Order of Salvation in Thomas Goodwin 1600-1680* (Göttingen: Vandenhoeck & Ruprecht, 2019).

4 네덜란드의 "더 진전한 종교개혁"(Nadere Reformatie)이란 17세기에 네덜란드의 푸치우스(1589-1676), 비치우스(1636-1708), 아 브라켈(1635-1711) 등을 중심으로 일어난 운동으로, 16세기 종교개혁의 원리들을 교회생활과 신앙생활과 사회생활에 더욱 철저하게 적용시키려는 운동이다.

5 Beeke and Pederson, *Meet the Puritans*, 270.

6 Beeke and Pederson, *Meet the Puritans*, 272.

7 Thomas Michael Lawrence, "Transmission and Transformation: Thomas Goodwin and the Puritan Project 1600-1704" (Ph.D. diss., University of Cambridge, 2002), 125; Mark Jones, *Why Heaven Kissed Earth: The Christology of the Puritan Reformed Orthodox Theologian, Thomas Goodwin (1600-1680)* (Göttingen: Vandenhoeck & Ruprecht, 2010), 19-21.

8 Beeke and Pederson, *Meet the Puritans*, 279.

9 Thomas Goodwin, *The Works of Thomas Goodwin*, vol. 5 (Edinburgh: James Nichol, 1863), 1-436에 나와 있다. 이하에서 이 전집은 Goodwin, *The Works of Thomas Goodwin*로 약칭하고 권수와 페이지를 적겠다.

10 Goodwin, *The Works of Thomas Goodwin*, vol. 6으로 출간되어 있다.

11 토머스 굿윈, 《믿음의 본질》, 전2권, 임원주 옮김(서울: 부흥과개혁사, 2013).

12 Thomas Hall, *A Practical and Polemical Commentary … upon the Third and Fourth Chapters of the Latter Epistle of St. Paul to Timothy* (London: E. Tyler for John Starkey, 1658), 329; 조엘 비키, 마크 존스, 《청교도 신학의 모든 것》, 김귀탁 옮김(서울: 부흥과개혁사, 2015), 779에서 재인용.

13 Goodwin, *The Works of Thomas Goodwin*, 1:563, "God had but one Son in the world, and he made him a minister."; Goodwin, *The Works of Thomas Goodwin*, 6:415, "God had but one Son, and he made him a minister."

14 비키, 존스, 《청교도 신학의 모든 것》, 782, 785.

15 Goodwin[Junior], "The Life of Dr Thomas Goodwin," xiii.

16 Mark Jones, *Why Heaven Kissed Earth: The Christology of Thomas Goodwin (1600-1680)*, Dissertation (Göttingen: Vandenhoeck & Ruprecht, 2010), 39.

17 청교도 설교에서 적용적 측면과 경험적 측면에 대해서는 아래의 글을 보라. 조엘 비키, 《개혁주의 청교도 영성》, 김귀탁 옮김(서울: 부흥과개혁사, 2009), 제19장 ("개혁파의 경험적 설교의 영속적 힘"). 비키는 경험적 설교는 성경적 설교라고 주장한다(앞 책, 723).

18 Goodwin, *The Works of Thomas Goodwin*, vol. 1로 출간된 이 책은 에베소서 1장만 다루고 있다. 참고로 이 시리즈의 vol. 2는 에베소서 2장을 390쪽에 걸쳐서 주로 강해하고, 나머지 장들에 대해 선택적으로 강해하고 있다.

19 이에 대해서는 필자의 학위논문을 출간한 아래 작품을 보라. B. Hoon Woo,

The Promise of the Trinity: The Covenant of Redemption in the Theologies of Witsius, Owen, Dickson, Goodwin, and Cocceius (Göttingen: Vandenhoeck & Ruprecht, 2018), 2.2.8(특히 59쪽).

20 비키, 《개혁주의 청교도 영성》, 718-19.

21 John Owen, The Glory of Christ, in The Works of John Owen, D.D. (Edinburgh: Johnstone & Hunter, 1850-1855), 1:314-15; 비키, 존스, 《청교도 신학의 모든 것》, 47에서 재인용.

22 Goodwin, Works, II (1681-1704), "Of the Knowledge of God the Father," 82.

23 Jones, Why Heaven Kissed Earth, 13.

24 Goodwin, The Works of Thomas Goodwin, 1:462.

역사 속 교리 설교자 3: 마르틴 루터

1 우병훈, 《처음 만나는 루터》(서울: IVP, 2017), 14-15.

2 루터, 《탁상담화》, 9(WA Tr 2,531, No. 2580); 권진호, "마틴 루터의 설교 이해", 〈신학과 현장〉 22(2012): 294-295도 참조하라. 이 글에서 바이마르 루터 전집 시리즈는 WA로, 《탁상담화》는 WA Tr로, 펠리칸이 편집한 영역 루터 전집은 LW로 약칭한다.

3 권진호, "마틴 루터의 설교 이해", 295.

4 권진호, "마틴 루터의 설교 이해", 293.

5 팀 켈러, 《팀 켈러의 설교》, 채경락 옮김(서울: 두란노, 2016), 80에서도 "매번 복음을 설교한다는 건 매번, 성경 본문 매 단락에서 그리스도를 설교하는 것이다"라고 강조한다.

6 권진호, "'매일의 설교자' 마틴 루터," 〈신학사상〉 145(2009): 235.

7 H. S. Wilson, "Luther on Preaching as God Speaking," in The Pastoral Luther: Essays on Martin Luther's Practical Theology, ed. Timothy J. Wengert and Paul Rorem (Grand Rapids, MI: Eerdmans, 2009), 101.

8 Chester Pennington, God Has a Communication Problem (New York: Hawthorn, 1976), 2, 23.

9 Wilson, "Luther on Preaching as God Speaking," 101.

10 WA 15:27-28; LW 45:347-48.

11 Wilson, "Luther on Preaching as God Speaking," 102.

12 Henri de Lubac, *Medieval Exegesis*, vol. 1 (Grand Rapids, MI: Eerdmans, 1998), 15-74; Richard A. Muller, *Dictionary of Latin and Greek Theological Terms: Drawn Principally from Protestant Scholastic Theology* (Grand Rapids, MI: Baker Academic, 2017), 301-3; Henri Crouzel and Emanuela Prinzivalli, "Origen," in *Encyclopedia of Ancient Christianity*, ed. Angelo Di Berardino and James Hoover, trans. Joseph T. Papa, Erik A. Koenke, and Eric E. Hewett (Downers Grove, IL: IVP Academic; InterVarsity Press, 2014), 980.

13 이를 라틴어로는 "*Theologia symbolica non est argumentativa*"(상징적 신학은 논증적일 수 없다)라고 한다. Muller, *Dictionary of Latin and Greek Theological Terms*, 365를 보라.

14 LW 26:10-11.

15 우병훈, 《처음 만나는 루터》, 220-22.

16 Wilson, "Luther on Preaching as God Speaking," 110-12.

17 [고전 5] 6 너희가 자랑하는 것이 옳지 아니하도다 적은 누룩이 온 덩어리에 퍼지는 것을 알지 못하느냐 7 너희는 누룩 없는 자인데 새 덩어리가 되기 위하여 묵은 누룩을 내버리라 우리의 유월절 양 곧 그리스도께서 희생되셨느니라 8 이러므로 우리가 명절을 지키되 묵은 누룩으로도 말고 악하고 악의에 찬 누룩으로도 말고 누룩이 없이 오직 순전함과 진실함의 떡으로 하자.

18 설교문은 아래에서 볼 수 있다. WA 21:203-13; LW 77:12-21.

19 싱클레어 퍼거슨, 《온전한 그리스도》, 정성묵 옮김(서울: 디모데, 2018), 제6, 7장을 보라. 그리고 퍼거슨의 논의를 이어받아 설교에 적용한 켈러, 《팀 켈러의 설교》, 69-88을 보라.

교리 설교 작성 1

1 조엘 비키, 싱클레어 퍼거슨 편집, 《개혁주의 신앙 고백의 하모니》, 신호섭 옮김(서울: 죠이북스, 2023).

2 닻절과 자석절에 대해서는 브라이언 채펠, 《그리스도 중심의 설교》, 엄성옥 옮김(서울: 은성출판사, 2016), 211, 213을 보라. 이에 대한 보다 자세한 해설은 Haddon W. Robinson, *Biblical Preaching: The Development and Delivery of Expository Messages*, 3rd edition (Baker Academic, 2014), Stage 8을 보라.

3 채펠, 《그리스도 중심의 설교》, 188-199를 보라.

교리 설교 작성 2

1 헤르만 바빙크, 《개혁교의학》, 전4권, 박태현 옮김(서울: 부흥과개혁사, 2011); 조엘 비키, 폴 스몰리, 《개혁파 조직신학》, 전6권, 박문재 옮김(서울: 부흥과개혁사, 2021-2023); 루이스 벌코프, 《벌코프 조직신학》, 권수경·이상원 옮김(서울: 크리스챤다이제스트, 2001); 마이클 호튼, 《개혁주의 조직신학》, 이용중 옮김(서울: 부흥과개혁사, 2012); 존 프레임. 《존 프레임의 조직신학》, 김진운 옮김(서울: 부흥과개혁사, 2017); 빌헬무스 아 브라켈, 《그리스도인의 합당한 예배》, 전4권, 김효남, 서명수, 장호준 옮김(서울: 지평서원, 2019).

2 아 브라켈, 《그리스도인의 합당한 예배》, 1:556-565에서는 창조 교리가 주는 신앙적인 유익에 대해서 길게 설명한다. 이 외에도 아 브라켈의 책은 각각의 주요교리가 주는 영적 유익에 대해서 가장 잘 설명하는 조직신학 책 중에 하나다.

3 헤르만 바빙크, 《헤르만 바빙크의 현대 사상 해석》, 존 볼트 편집, 박하림 옮김(군포: 도서출판 다함, 2023), 180.

4 Benjamin B. Warfield, *The Works of Benjamin B. Warfield: Biblical Doctrines*, vol 2 (Bellingham, WA: Logos Bible Software, 2008), 61.

5 예정론과 관련한 다른 질문들에 대해서는 아래 책에서 설명하고 있다. 우병훈, 《구원, 그리스도의 선물》(군포: 도서출판 다함, 2023), 219-231.

6 고재수, 《교의학의 이론과 실제》(천안: 고려신학대학원 출판부, 2011), 181-183.

7 C. H. Spurgeon, *Flashes of Thought* (London: Passmore & Alabaster, 1874), 218.

8 브라이언 채펠, 《그리스도 중심의 설교》, 엄성옥 옮김(서울: 은성출판사, 2016), 59-73.

9 조엘 비키, 《설교에 관하여》, 송동민 옮김(서울: 복있는사람, 2019), 554.

10 John Owen, "The Duty of a Pastor," in *The Works of John Owen*, ed. William H. Goold (New York: Robert Carter & Bros., 1851), 9:455.

11 조엘 비키, 마크 존스, 《청교도 신학의 모든 것》, 김귀탁 옮김(서울: 부흥과개혁사, 2015), 1024.

교리 설교 예시 1: 그 은혜에 의하여

1 필립 얀시, 《놀라운 하나님의 은혜》, 윤종석 옮김(서울: IVP, 1999), 49.

2 팀 켈러는 "은혜"란 "줄 의무가 전혀 없는 자로부터 받을 자격이 전혀 없는

자에게 주어진 선물"이라고 정의 내린다. Timothy J. Keller, *The Timothy Keller Sermon Archive* (New York City: Redeemer Presbyterian Church, 2013), 2001년 9월 30일에 행한 요나 2:1-3:3에 대한 설교 중에서. "*Grace* is a completely *undeserved* gift from a completely *unobligated* giver."(이탤릭체는 켈러의 것)

3   요 6:37-44, 10:28-29; 롬 8:28-39; 고전 1:8-9; 엡 1:13-14; 빌 1:6; 살전 5:23-24; 벧전 1:5; 유 1:24-25 등등.

4   아래 구절도 구원의 확신에 대해 가르치는 매우 중요한 구절이다. [요 10] 28 내가 그들에게 영생을 주노니 영원히 멸망하지 아니할 것이요 또 그들을 내 손에서 빼앗을 자가 없느니라 29 그들을 주신 내 아버지는 만물보다 크시매 아무도 아버지 손에서 빼앗을 수 없느니라.

5   이레나이우스는 "최초에 나무에서 시작되었던 인간의 불순종을 도말하기 위하여 그리스도는 죽기까지, 곧 십자가 위에서 죽기까지 순종함으로써 나무에서 시작된 불순종을 나무 위에서의 순종을 통해서 치유하였기 때문이다"라고 적었다. J. N. D. 켈리, 《고대 기독교 교리사》, 박희석 옮김(서울: 크리스챤다이제스트, 2004), 190.

교리 설교자를 위한 추천 도서

● **성경 본문에 해당하는 교리를 찾을 때**

《개혁주의 신앙 고백의 하모니》, 조엘 비키·싱클레어 퍼거슨 편집, 죠이북스.

《개혁주의 스터디 바이블》, 리고니어 미니스트리 출판부 편집, 부흥과개혁사.

● **히브리어와 헬라어 성경 원어를 공부할 때**

《게제니우스 히브리어 아람어 사전》, 빌헬름 게제니우스, 생명의말씀사.

《바우어 헬라어 사전》, 발터 바우어, 생명의말씀사.

● **교리 전반에 대한 이해를 높이기 위해**

《하이델베르크 요리문답 강해》(전4권), 김헌수, 성약출판사.

《하이델베르크 교리문답 설교》(전3권), 윤석준, 부흥과개혁사.

《하이델베르크 요리문답 해설》, 얀 판 브뤼헌, 성약출판사.

《비록에서 아멘까지: 웨스트민스터 신앙고백 해설》, 이성호, 그책의사람들.

《특강 소요리문답》(상, 하), 황희상, 흑곰북스.

● **교리가 형성된 배경과 성경적 근거를 이해하기 위해**

《개혁교의학》(전4권), 헤르만 바빙크, 부흥과개혁사.

《개혁파 조직신학》(전6권) 조엘 비키·폴 스몰리, 부흥과개혁사.

《벌코프 조직신학》, 루이스 벌코프, 크리스챤다이제스트.

《개혁주의 조직신학》, 마이클 호튼, 부흥과개혁사.

《존 프레임의 조직신학》, 존 프레임, 부흥과개혁사.

《그리스도인의 합당한 예배》(전4권), 빌헬무스 아 브라켈, 지평서원.

● **교리 설교 작성에서 닻절과 자석절 활용이 필요할 때**

《그리스도 중심의 설교》, 브라이언 채펠, 은성출판사.

더 나은 교리 설교를 위한 체크리스트

● **형식 결정**

Q. **교리 설교의 형식을 정했는가?** Check ☐

A. 설교자가 강해설교 경험이 많다면 제1형식(성경을 정하고 교리를 제시하는 방식)을 택하시면 좋습니다. 주제설교 경험이 많은 분은 제2형식(교리를 정하고 본문을 다양하게 택하는 방식)이 편할 것입니다. 설교의 경험이 많지 않은 분은 제2형식을 택하고 두 번 혹은 세 번 정도만 교리 설교를 하는 짧은 시리즈를 구성하는 것이 좋습니다.

● **본문 정하기**

Q. **전하고자 하는 교리와 성경 본문이 잘 일치되는가?** Check ☐

A. 주어진 교리와 관련된 본문을 3개 이상 찾고, 그 중에서 가장 적절한 본문 하나 혹은 두 개만을 택하면 좋습니다. 본문은 다섯 절에서 열다섯 절 사이가 적당합니다.

Q. **전하고자 하는 교리와 가장 밀접한 본문 구절은 어떤 구절인가?** Check ☐

A. 웨스트민스터 소요리문답이나 하이델베르크 요리문답에 증거구절로 나온 구절들 중에서 택하면 좋습니다. 너무 많은 구절을 본문으로 잡지 않는 것이 좋습니다. 구절 설명에 함몰되면 교리를 효과적으로 강조하기 어렵기 때문입니다. 그리고 가장 핵심적인 구절 중 한 구절은 원어를 관찰하여 한글 번역과 대조하여 뉘앙스를 파악하는 것이 좋습니다.

● 설교 개요

Q. **설교 개요가 교리적 핵심을 잘 전달하는 구조를 취하고 있는가?** Check □

A. 구조만 좋아도 설교는 오래 기억됩니다. 가장 효과적인 구조를 고민해 보시기 바랍니다. 논리적 발전이 이뤄지도록 구성하면 좋습니다. 닻절을 먼저 정하고 적절하게 자석절을 붙여 가시면 됩니다. 2대지도 좋고 3대지도 좋습니다.

Q. **설교 개요가 본문의 핵심 부분과 잘 어울리는가?** Check □

A. 교리 설교는 교리 전달이 우선적 목표이지만, 본문의 핵심 부분이 개요에 담기는 것 역시 중요합니다. 교리와 본문이라는 두 개의 동그라미가 겹치는 영역을 고민하셔서 개요에 넣으시기 바랍니다.

● 본문 주해

Q. **교리 설교와 직결되는 주석 중심으로 주해를 풀어가고 있는가?** Check □

A. 주석을 보실 때 전부를 자세히 살피기보다는 해당 교리를 설명하기 위한 부분을 중심으로 보시는 것이 좋습니다. 여러분은 지금 해당 본문에 대한 주해보고서를 작성하는 사람이 아니라, 교리 설교를 효과적으로 준비하는 사람임을 명심하십시오. 많은 주석은 설교자와 청중 모두를 피곤하게 할 것입니다(전 12:12).

Q. **본문의 흐름에 분명한 이해가 있는가?** Check □

A. 교리 설교라 하더라도 본문의 핵심을 잘 설명할 필요가 있습니다. 전체적인 흐름 속에서 본문의 핵심을 전달하시기 바랍니다. 숲을 보여주고, 나무를 보여주고, 문맥을 보여주는 설교가 좋은 본문 설교입니다.

- **교리 설명**

Q. **더 강조해야 할 부분과 덜 강조해야 할 부분을 구분하고 있는가?** Check □

A. 현란한 개인기로 그라운드를 누빌지라도 골을 넣지 못하면 경기에 이길 수 없습니다. 좋은 교리 설교자는 본문에서 교리와 직결되는 구절을 효과적으로 강조하기 위해서 빌드업해 나가는 기술을 계속 연마할 것입니다.

Q. **교리의 개념을 이해하면서도 현대적으로 표현할 줄 아는가?** Check □

A. 교리에서 핵심 단어는 그대로 써야겠지만, 그것을 설명하는 문장이나 방식은 현대식으로 고치고 자신만의 방식으로 재진술할 줄 알아야 합니다. 그러기 위해서 좋은 책을 많이 읽고 상상력을 길러야 합니다.

Q. **교리의 중요성을 알고 있으며 그 교리를 오해하는 경우를 알고 있는가?** Check □

A. 좋은 교리 선생은 동기부여를 잘 하는 사람입니다. 이 교리가 왜 중요한지를 실제적으로 보여줄 수 있어야 합니다. 그러기 위해서 그 교리를 잘못 이해할 때 생기는 신앙생활의 문제점을 드러내면 더욱 효과적일 것입니다.

Q. **해당 교리를 이해하기 위해 필요한 질문들을 예상하고 답변을 준비하고 있는가?** Check □

A. 사도 바울의 글에서 예상되는 질문에 대한 대답들을 중심으로 논쟁을 이어가는 부분('디아트리베'라고 부름)을 볼 수 있습니다. 좋은 교리 설교자는 많은 경험을 바탕으로 청중이 궁금해할 만한 질문들을 예상하고 그 중에 핵심적인 것을 뽑아서 대답해 줄 것입니다.

● 예화 사용

Q. 예화가 적절하게 삽입되어 있는가? Check ☐

A. 예화 사용의 목적은 교리를 더욱 잘 이해시키고 납득시키는 데 있습니다. 이를 위해서 실생활에서 겪는 다양한 경험과 설교자가 읽은 책들 중에서 교리와 관련된 내용들을 선별해서 제시하면 좋습니다.

Q. 예화가 정확한지 확인해 보았는가? Check ☐

A. 유튜브에서 발견한 예화나 인터넷에서 본 내용들을 쓸 수 있지만 반드시 사실 관계를 확인하고 써야 합니다. 청중이 이 예화를 들었을 때 어떤 반응일지 충분히 고민해 보고 신중하게 사용해야 합니다.

● 적용

Q. 교리 설교로 일어나는 특정한 삶의 변화를 기대하고 있는가? Check ☐

A. 변화를 끼치지 못하는 설교는 설교가 아니라 단순한 강의에 불과합니다. 이 설교를 통해서 청중에게 어떤 변화가 일어날지를 고민해 보시기 바랍니다.

Q. 해당 교리가 설교자 자신의 삶에 어떤 영향을 미치고 있는지를 고민했는가? Check ☐

A. 청중은 설교자의 삶을 보면서 설교를 들을 것입니다. 단지 청중의 눈을 의식하며 사는 것이 아니라 진정으로 하나님 앞에서(Coram Deo) 살아가고자 애쓰는 설교자의 설교는 진정한 영적 감화와 삶의 변화를 일으킬 것입니다.